交通大學校長	政大附中校長	竹北高中校長	武陵高中校長	聯合報社長
吳重雨	吳榕峯	周碩樑	林繼生	胡立台
元智大學校長	東海大學校長	義守大學校長	羅東高中校長	高雄中學校長
彭宗平	程海東	傅勝利	游文聰	黃秀霞
電子時報社長	台達電子董事長	成功大學校長	亞都麗緻飯店總裁	崑山科技大學校長
[illegible]	鄭崇華	賴明詔	嚴長壽	蘇炎坤

（依姓名筆劃排序）

20不惑

大學校長親授33堂生涯必修課

大學、高中校長及各界名人聯合推薦

南開科技大學校長 王國明

成功高中校長 王營方

台灣大學校長 李嗣涔

陽明大學校長 吳妍華

政治大學校長 吳思華

台中市長 胡志強

佛光大學校長 翁政義

北一女中校長 [illegible]

清華大學校長 陳文村

行政院政務委員 曾志朗

中國醫藥大學校長 黃榮村

中央研究院副院長 劉兆漢

中央大學校長 蔣偉寧

聯發科技董事長 蔡明介

建國中學校長 蔡炳坤

自序

劉炯朗

二〇〇五年十月，我得到一個機會在新竹IC之音廣播電台（FM 97.5）主持一個趣味性的談話節目，節目的名字是「我愛談天你愛笑」。我的權利、也是責任，是每場「兩口氣獨白二十二分鐘，四年多下來，已經講了兩百場了。《20不惑─大學校長親授33堂生涯必修課》這本書選了裡面三十三場的內容，整理成文字。

這個節目帶給我的是一個非常寶貴的讀書機會，我可以無拘無束的閱讀、談論和思考我喜歡的書，也更加體會、瞭解和領悟到融會貫通的重要。的確，這本書不過是我的讀書筆記而已。

我曾經說過「讀書要有計畫，有計畫才有效率；讀書不要有目的，沒有目的才有快樂。」也許正因為我這個節目的內容沒有任何固定的框架和範疇，我想到什麼、我學到什麼，我就講什麼，正如古人說「行於所當行，止於不可不止。」這個節目真的帶給我很多、很多的快樂。

在錄製、搜集這些內容的過程中，也讓我體會到幾個原則，那就是：

廣泛的興趣；深入的摸索；

敏銳的觸角；豐富的聯想；

苛求的完美；謙卑的努力。

其實，這也就是做學問工夫的原則，希望與大家分享。

編者序

前一陣子中央大學認知神經科學研究所所長洪蘭教授憂心現今大學生上課不敬業，而提出她個人的看法，引起社會輿論軒然大波。台大學生上課遲到、啃雞腿、趴在桌上睡覺，這樣的上課狀況，事實上，在各大學似乎也常見。

上大學所為何事？我為什麼要上大學？我是誰？不知道有多少年輕孩子曾經這樣問過自己。又有誰真正認真的告訴過這些年輕孩子，他們到底是為何而戰呢？少年十五二十時，正是充滿好奇與熱情，對世界東張西望去探索的人生黃金階段。在這個時期，大學教育只不過是專業教育的第一課，更是終身學習的開端，也是個人生涯規畫的開始與起步。

當然，上大學不只是為了追求專業知識，更要培養自己的氣度與眼界，探索自我認識自己，這些事，在我們未來的生涯規畫中，都扮演著不可忽視的影響力。一個受過高等教育的人，必須有開闊的心胸，才能容納與瞭解別人不同的意見。待人處世要心胸寬大，才能承大事，擔大任。

同時，我們也要培養看事情的視野。許多事情，並不是只有一種角度，一種價值觀，在不同的環境與時空下，事情有許多不同的面向，有時候事情未必如表面那樣，有時候事情的真相，也未必永遠是真相。因此，我們若能學會一套自我思考的系統，發展出一套看世界、看事情的方法，這將對我們在學習新知上有所幫助，甚至當我們感覺困惑時，能讓自己釐清事情的本質，而不至於惶惶不知所措。

在希臘神話中，當人們對於自己的命運有所困惑時，會到神殿問神諭。在德爾菲（Delphi）阿波羅神殿上，刻有一句話：「Know thyself」，認識自己。可見我們除了追求知識外的最大核心，應該要認識自己。認識自己並不是人云亦云，而是學會思考，就像人格的養成一樣，是在和別人的互動中，透過外在的經驗與內在的反省中，不斷琢磨出來的，同時，透過自己小心的觀察與深刻的思考中體會出來的。

本書是前清大校長劉炯朗教授在「我愛談天你愛笑」廣播節目裡的內容。劉校長相當有心，他親自將所有廣播稿化成文字，時報文化特別將其集結出版，讓更多讀者分享這位人文與科學素養兼備學者的人生智慧。

校長以其豐富的人生經歷，大量閱讀的心得，向家長、老師及青年學子提出了他對上大學、親情、友情、愛情的看法，同時，面對挫折，面對自我價值，他更以其人生智慧提出令人驚嘆的觀點。本書受到產、官、學界，及各大學、高中校長的熱情推薦。閱讀此書，相信你將會有全然不同的視野，也將更有能力與韌性，去面對與處理學業、生活與人際關係的疑惑與挫折，你的感覺也將截然不同。

第一講 為什麼要上大學？

●第1堂課 學校就像保溫瓶 016
良好的教育環境，就是一個保溫瓶、一塊清淨土、一個安樂窩；讓學生的興趣和才華，自由、自在、自然、自主的發展。

●第2堂課 第一名重要嗎？ 024
我們從小就被灌輸追求第一名的觀念，考試第一名就是狀元，賽跑第一名可以獲得金牌，最有錢的人就是首富。

●第3堂課 上大學該選什麼課？ 032
現在許多專業教育的學生，都在大學畢業後會進研究所，所以，大學的四年更有很大的空間來強調通識教育。

●第4堂課 把老師當主管 040
「教學」可以分成三個層次：用英文來講就是教授、灌輸(to instruct)、邀請(to invite)和啟發、鼓舞(to inspire)。

●第5堂課 教育的四不一沒有 046
在股票市場作內線交易，採購時收取回扣，都是考試作弊的「社會版」。

第二講 不同角度看事情

第三講　你我他的相處之道

第四講　語言和文字，是溝通的橋梁

第1講／為什麼要上大學？

第1堂課

學校就像保溫瓶

有一所大學，培養出很多科學界的諾貝爾獎得主、大企業家和名作家。有人問校長，「你們怎樣知道學生的興趣和才華？怎樣按照他們的興趣和才華去培養他們？你們真是一所偉大的學校！」大學校長笑笑回答說：「學校不過是個保溫瓶而已。」

在一個電視節目上，主持人問三位觀眾：「你認為世界上最了不起的發明是什麼？」

第一個觀眾說：「我認為世界上最了不起的發明是電視。因為電視可以讓我們看到在世界上任何一個角落發生的事情。」

第二個觀眾說：「我認為世界上最了不起的發明是飛機。因為飛機可以迅速的把我們帶到世界上任何一個地方。」

第三個觀眾說：「我認為是保溫瓶。」

主持人覺得很奇怪，為什麼保溫瓶是那麼了不起的發明呢？第三個觀眾解釋說：「你把熱的東西放進去，保溫瓶知道替你保熱，你把冷的東西放進去，保溫瓶知道替你保冷，你從來不要告訴它保熱還是保冷，它都自動會知道，那實在是了不起。」

這當然是一個笑話。當我們把熱的東西放在保溫瓶裡，保溫瓶不必、也不會生一把火來保熱；把冷的東西放在保溫瓶裡，保溫瓶不必、也不會啟動冷凍的裝置來保冷。其實，保溫瓶提供的只是一個隔離外界溫度影響的環境，讓熱的東西保持熱，冷的東西保持冷。

曾有人問一位大學校長：「進了你們大學的學生，對科學有興趣和才華的，培養他們成為諾貝爾獎得主；對商業有興趣和才華的，培養他們成為大企業家；對文學有興趣和才華的，培養他們成為名作家。你們怎樣知道他們的興趣和才華在哪裡？怎樣按照他們的興趣和才華去培養他們？你們真是一所偉大的學校。」大學校長笑笑回答說：「學校不過是一個保溫瓶而已。」

教育最終目的，是要讓每一個學生都能夠依照他的興趣，盡量發揮才華。所以，教育最基本的責任，就是為每個學生提供適當的環境，讓他自由成長，不受到干擾、壓抑和阻礙。因此，家庭、學校和社會都應該、也只需要扮演功能良好的保溫瓶角色。

目前大家對教育制度的第一個反應就是考試掛帥，對學生學術的成長，的確沒有盡到呵護的責任，也引起很大的干擾。考試不要考的東西，老師不教、學生不學；考試要考的東西，老師反覆的填灌，學生在課堂上、補習班裡反覆的吞塞。公式、事實、數據一定強記；瞭解、欣賞、創作倒是大可不必。延伸而來的是刻板的課程內容，過分繁重的課業要求和極端量化的評估制度。學習的熱忱，盡被打入冷宮，很「酷」（cool）的思路和觀念，也都蒸發掉了。

目前的考試制度，只不過是過分短視和功利價值觀下的產品而已。只重名氣，而輕視實質；計較學位和分數，而漠視學問和能力；強求速成，而不願意深耕。讀法律和政治，是為了要當權貴；讀財經和企管，是為了要發大財；讀工程技術，是為了要過平穩安定的生活，甚至搖身成為科技新貴。

當年以鍍金為風尚時，只要有出國的機會，讀什麼都可以；今天出國求學就像充軍到異域一樣，讀什麼都不值得。這樣一來，熾熱的心會冷卻下來，冷靜的頭腦也變得困惑和迷惘，剩下來只是一缸半冷不熱的溫吞水！

如果能結合正確的價值觀和方向，一個良好的教育環境，就是一個保溫瓶、一塊清淨土、一個安樂窩；讓學生的興趣和才華，自由、自在、自然、自主的發展。

但是，這個環境並不是一個枯瘠荒涼的環境，相反的，良師和益友，完善的圖書和儀器配備，充分的參考資料和信息，都是發揮保溫功能的要素。這個環境也不是一個渾噩懶散的環境，相反的，高度的挑戰，嚴格的要求，關注和督促，信心和鼓勵，

X+Y=

都是發揮保溫功能的要素。這也不是一個跟外界絕緣的環境，相反的，跟社會的溝通結合，理想和現實的平衡，長遠的目標和立竿見影時效的兼顧，都是發揮保溫功能的要素。

大學校長接著說：「製造一個保溫瓶，遠比製造一台電視或一架飛機來得容易。辦教育本來就是滿單純的一回事。」

其實除了學校，家庭也好，社會也好，只要他們能夠發揮保溫瓶的作用，我們的下一代就可以自由發揮他們的興趣和才華，不必替他們擔心和操心。

前面我們提到進了大學，就好像置身在一個保溫瓶裡，大學為我們提供一個良好環境，讓每個人，包括老師、還有同學，自由、充分發揮他們的興趣和潛能。我另外打一個譬喻：大家有沒有注意到在大學裡求學，跟在餐館裡用自助餐一樣，有很多相似的地方。

自助餐是一種深受顧客歡迎的用餐方式，不論早餐、中餐、下午茶、晚餐和宵夜，不論簡單或者豪華，不論中式、日式、美式和歐式，自助餐有幾個特色：第一、食物的種類很多，美不勝收，看到令人食指大動，垂涎欲滴；第二、價格單一固定，除了小孩外，不分男、女、高、矮、胖、瘦一視同仁；第三、相對來講自助餐的價錢是不高的，和五星級飯店的單點相比，價錢也較低；第四、食物擺設在桌上，由顧客自行選擇取用，無拘無束各取所需；第五、食物無限供應，有取之不盡、食之不竭的感覺；第六、大家有一個不成文的共識：不可浪費食物，有些餐館甚至宣稱以罰款來處分拿了食物卻不用完的客人。

我把在大學裡讀書跟在餐館用自助餐作一個比較，第一、自助餐裡食物的種類很多，在學校裡各式各樣課程也很多，除了主修的系所課程之外，加上輔系、雙主修、跨院系學程以及通識教育、體育、軍訓課程，學生可以選修的課非常多；同時，學校裡有各式各樣的課外活動，光是課外活動，在每個大學裡，就會有上百個文學、音樂、戲劇、體育、宗教、服務社團，真是包羅萬象。

此外，學校裡可以交到各式各樣的朋友、老師，大家背景興趣和理念都大不相同，可以在一起學習、生活、交流。的確，課程也好，課外活動也好，朋友也好，學校裡有如自助餐廳裡的食物，琳瑯滿目、美不勝收。

第二、自助餐有單一固定價格，學校要求每個同學付出的代價也是一致，入學的標準、及格的標準、畢業學分的總數、必修和選修科目的限定、學費的數額都是大同小異，沒有特殊優待，也沒有額外要求，就像吃自助餐一樣，價格都是單一固定的。

第三、相對來講，自助餐的價錢不算很高，就費用來講，在台灣讀大學，因為有教育部和政府其他部門的補助，學生負擔的學費只不過是學生總教育開支的一部分，和很多先進國家相比，我們的大學學費是相當低的，台灣的大學確實提供了相當良好的教育機會，就像自助餐一樣物美價廉。

第四、吃自助餐時，喜歡吃什麼就拿什麼，在學校裡，讀書也好，參加課外活動也好，交朋友也好，同學都要主動的自己作選擇；雖然有時候，老師會指導和提供意見，但是最主要的還是由同學們自動自發，自己作選擇、作決定，就像吃自助餐一樣。當我們可以有很多選擇時，眼花撩亂、目不暇接，怎樣作決定要靠自己的判斷力，有些人會作集中式的選擇，有些人會作分散式的選擇，每個人選擇的搭配次序也有不同，但是我們必須珍惜且善用這個可以選擇的機會。

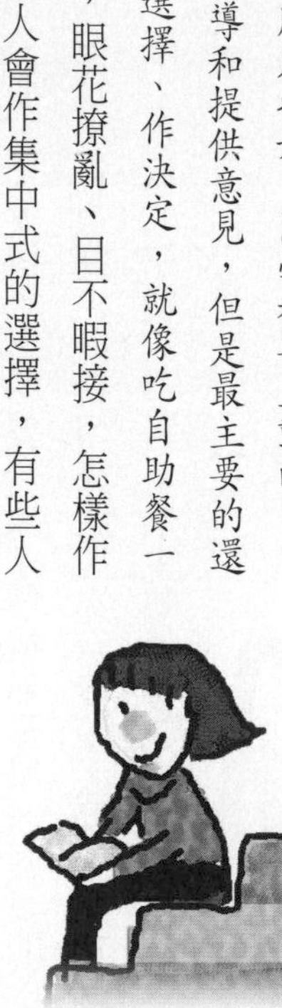

第五、吃自助餐時，食物是無限量供應，在大學裡，學術上的成長、人格的培養、做人做事的磨練機會都是無限的。我在美國麻省理工學院讀書時，有一句大家常講的話：「在MIT受教育，就像對著滅火的水管喝水一樣。」意思是一個學生無法喝盡滅火水管噴出來的水，但是每個人都可以盡量喝、可以喝到很多很多。求學如此，吃自助餐也是如此。

第六、吃自助餐時，不要浪費食物，在學校裡，雖然我們繳了學費，付出應付的代價，獲得很好的機會來使用豐富的資源，我們更特別珍惜這種美好的資源和機會，在課業上、品格上、心智上，求進步、求成長，正如吃自助餐不要空著肚子回家，更不要糟蹋了食物。

假如我們把視野也放大一點，在社會工作，也和大學裡讀書和在餐廳裡吃自助餐一樣，每個人的機會是相同且無限的，那就要靠我們自己的選擇和努力，享受一個豐富的人生盛宴。

進大學讀書，除了像置身在保溫瓶裡，和像吃一頓豐富的自助餐之外，也好像被丟在一個沒有人的森林裡。你手上拿到的是一點食物、一個指南針，這些食物代表你在學校裡的固定資源，這種資源是金錢也好、時間也好、體力也好；這個指南針代表在學校幫助你尋找方向的助力，不論是老師也好、同學也好、圖書館也好、實驗室也好。有些人被丟在森林裡，既不會找方向，一下子又把食物吃掉了，過著不快樂甚至是痛苦的生活；有些人很會用指南針，帶領他走遍森林裡美麗的、新奇的、好玩的地方；有些人會很有計畫調節他的飲食，有效使用他的資源，過得是快樂、有豐富成果的生活。讀書如此，做人做事又何嘗不是如此呢？

第2堂課

第一名重要嗎？

當大家激烈爭辯一綱一本、一綱多本時，容我指出，從事研究工作時，是多綱多本；在社會上做事，是無綱無本。把考試的內容綁死，就難以評估學生知識的廣度。

在一條街上有三家裁縫店，彼此競爭十分激烈，為了爭取顧客，第一家裁縫店在門前掛上一條布條「全城第一名的裁縫店」；第二家裁縫店不甘示弱，馬上在門前掛上一條布條「全國第一名的裁縫店」；第三家裁縫店卻另有奇謀，也在門前掛上一條布條「這條街上第一名的裁縫店」，三家裁縫店都想要做第一名，到底誰是第一名呢？

我們從小就被灌輸追求第一名的觀念，考試第一名就是狀元，賽跑第一名可以獲得金牌，最有錢的人就是首富，諾貝爾獎、金鐘獎、股王、牛肉麵大王、金氏紀錄，通通都是可以舉起大姆指叫好的第一名。第一名是一份榮譽，不但代表過去努力的結果，也往往帶來許多未來的實質獎勵和回報。那麼，第一名是如何產生的呢？

在一個自由進步的環境裡，評定和比較是許多過程中很重要的一環，評定和比較可以幫助作驗證和評估，也可以幫助我們作規劃和選擇，更可以幫助我們作檢討和改進。學生在一個學期裡有沒有完成預定的學習進度；一群候選人裡，哪幾個符合遴選的資格；台北哪幾家牛肉麵最好吃，都是經過評估得來的結果。

完成了預定三年學習進度的學生，就可以從高中畢業，有進入大學的資格，但是如果大學招收的名額有一個上限，那麼評估的結果，除了畢業和不畢業之外，還要選擇最有才華能力的學生，為他們提供上大學的機會；在台北被評定為好吃的牛肉麵店很多，但是如果你在台北住三天，必須選擇光顧的牛肉麵店，頂多九家店；三家裁縫店裡，哪一家是第一名，會讓你想去做一套西裝，那就是除了評定之外，還要多做比較。

評定和比較就是按照預設的標的作分類排序，進一步來說，評定和比較的結果也會提供有用的資料。班上五十個學生，期中考只有三個人合格，是不是老師沒教好，還是學生太偷懶；花了大錢去請名廚、去裝潢，還是上不了十大牛肉麵店的排行榜，是不是服務不夠好，都是評定和比較可以提供的資料，換句話說，評定和比較要扮演裁判的角

色，也同時可以扮演教練的角色。

評定和比較有一個預設的目標，這個目標往往是比較抽象、不容易精確描述的品質和特性，像是從事科學研究的才華、領導的能力、美麗、可口，都屬於這個範圍，因此，我們往往用一些比較具體的指標作為這些特質的粗略估計。

領導的能力可以用專業知識、行政管理的經驗、語言溝通的能力、分析和綜合的能力、親和力等，來作為粗估的指標；好的牛肉麵店是一個抽象的特質，可以用顧客的數目、尤其是老主顧的數目、營業額、原料品質、衛生條件等來評估。

為了比較這些指標，我們又再進一步把這些指標量化，就是用分數來量度指標，專業知識用學位來量度，行政管理的經驗用工作年數來量度，語言溝通能力用中英文考試的結果來量度，牛肉品質用牛肉的價格來量度，教授的研究成果用發表論文的數目來量度。很明顯的，量化又是進一步的粗估，學位比較高，專業知識不見得一定比較好，語文考試分數高，表達溝通能力不見得一定比較好，雖然學位和專業知識、語文考試分數和表達溝通的能力是有關聯的。

再者，一個抽象的目標可以用幾個具體指標來粗估，這些具體指標又可以量化來作粗估，但是，要達到排列順序的目的，我們又得把這些量化的指標合起來，變成一個單一的量化指標。譬如說，把幾門功課考試的平均算出來作為單一的指標；把加權計算得來的總和作為單一的指標；在體操或游泳比賽裡，在幾個裁判的分數裡，把最高和最低的分數剔除，再算平均，平均數作為單一的指標。有了單一量化的指標，排列次序既精準又容易，第一名、第二名和吊車尾的最後一名就是這樣產生的。

總之，評定和比較的程序，把一個抽象的目標和特質，具體化成為若干個指標，把這些指標量化，再把多個量化的結果，綜合成一個量化的結果，作為評估排序篩選的依據，這中間包括一連串的粗估。因此，評估的結果往往不是絕對可靠，而是有可以質疑的空間，研究科學的才能、領導的能力、美麗、可口，本來就不可以用一個數字作代表。有了這樣的瞭解，我們應該思考的問題，是如何提升評估過程的可靠性？如何看待評估的結果？更重要的，是如何從評估的結果獲得經驗和教訓。在這個討論的框架裡，讓我比較深入的討論，今天大家最關心的問題——教育過程裡的考試制度。

教育的任務是培養優秀人材，考試制度就是一個評定和比較的機制，但是，優秀是一個抽象的特質，因此，我們選擇了若干個具體指標，來粗估優秀這個特質，國文要好、英文要好，學醫的對生物和化學要有興趣，學理工的對數學要有興趣，正如我在前面講過，這些都是對優秀這個特質，包括想像力、創造力、讀書的態度和方法的一個粗估。接下來，我們更把能力量化為考試的分數，作一個粗估，再把這些分數加起來，變成單一的數字，作為對優秀這個特質的粗估，也用這個粗估作為評估排序篩選的依據。

我花了相當多的脣舌，指出大家早已知道的事實，考試的結果，只不過是學習能力和成就的粗估，為什麼只評估這些學科？為什麼用這種方式評估這些學科？都是可以討論、可以修改的。而且，我們目前的考試制度，還有幾個問題。

第一、當我們發現一個評估機制是相當粗糙的時候，應該想辦法去改善這個機制，就像一個測試金子純度的機器精準度有問題時，應該想辦法提高它的精準度。但是，今天我們的考試制度，卻差不多是照著反方向走，在種種似是而非的理由之下，偏離了造就優秀人材的目標。例如，考試的內容必須嚴格規範在一個固定的範圍之內。今天，當大家激烈在一綱一本、一綱多本的話題上爭辯時，讓我指出，從事研究工作時，是多綱多本，在社會上做事，是無綱無本，把考試的內容綁死，就難以評估學生知識的廣度，例如，考試的題目大部分是是非題和選擇題，盡量避免申論題，那就難以評估學生知識的深度；需要記憶事實和數據的考題多，需要思考的考題少，那就難以評估學生知識靈活應用的能力，這些都可以稱為自廢武功的做法，降低了評估能力和成就的功能。

第二、評估和比較的機制，不但要扮演裁判的角色，也同時可以扮演教練的角色。在考試這個例子裡，這是很重要的一個層面，為了考試，學生必須複習他學過的東西，以前沒有完全瞭解的，作更清晰的瞭解，以前沒有好好思考過的，作深入的思考，趁著準備考試的機會，學習新東西，甚至在考試時，還可能發現以前未曾見過的

新東西，換句話說，考試應該是學習的一個環節。但是，今天的考試制度，強調記憶、忽視理解，更談不到引進新的觀念和內容，差不多完全沒有發揮教練的功能。

第三、考試變得比教育更重要，不考不教，學生對課外的材料完全沒有興趣，沒有機會去接觸。此外，學生讀書方法的訓練、讀書興趣的培養，都因為考試制度而被忽略了；學校把為學生準備考試作為他們的首要、甚至唯一的責任，學生把考試作為學習首要、甚至唯一的目的，考試本來只是教育過程中的一個環節，卻倒過來變成主導教育發展的力量，這就是本末倒置。

《韓非子》裡有一個很有趣的故事，有一個人要到市場去買一雙鞋子，他先在家裡用一根繩子把自己腳的長度量好，他到了市場後，發現把繩子留在家裡，就趕快回家去把繩子拿來，可是一來一回，把時間耽擱了，賣鞋的店也早就關門了。有人問他：「你為什麼不直接用腳去試鞋子呢？」他說：「我寧願相信量度的繩子，而不相信自己的腳。」這正是我們相信考試的結果，而不相信真正才華和能力的一個寫照。

講到這裡，可能有人會替我下結論，你講了那麼多有關考試的壞話，是不是要建議廢除考試？在許多情形之下，廢除考試實在有它的道理，但是在目前我們的教育制度和架構之下，這是不切實際的。美國大學用申請入學的制度；德國和法國的大學，只要高中畢業就可以自動入學，這些做法，有它們的優點和缺點，都無法囫圇吞棗的直接搬到台灣來。

我們不能不承認，在一個公平有秩序的社會裡，名次的排列有它的重要性，甚至必要性。某某要人逝世了，治喪委員會的委員都是豪官富賈，在訃文上的排名還得以姓氏筆劃排序，其實對已經往生的那個人來說，是完全沒有關係；晚宴餐桌上坐位的安排，還得以官位的高低安排，雖然鄰座的人不見得談得來；那麼多人都要進台大醫學院，只好選指考分數最高的那五十個考生；名額有限的出國獎學金，自然要分給總成績最高的幾個學生；年終獎金的分配，按照考績分數的高低，因此，考試還是一個有存在必要的工具。

第一名的意義是什麼？第一名有多麼重要？第一名是一個粗估評估制度之下的產物，它代表在某幾個學問上，某個程度的卓越，我們不必相信第一名一定比第二名、第三名優秀，但是第一名在若干學問是很有可能比第五十名優秀的，第一名是一個很好的參考，但是，我們不必過度迷信第一名。循著正確的學習方向和方法獲得第一名，是值得誇獎和鼓勵的；得不到第一名，不一定就是失敗。至於為了第一名而偏離正確的方同和目的，那就是錯誤了，在運動比賽中使用禁藥，為了考試而去補習，都是不必要甚至是有負面效果的。

●●●

討論台灣教育問題時，考試制度是大家非常關切的問題，我們討論考試的方式，筆試還是面試；考試的範圍，一綱一本還是一綱多本；考試的模式，是非題還是申論題；考試的次數，學測應該考一次還是兩次；高中畢業應不應該改會考；甚至考試的教室可不可以開冷氣，考生考試時可不可以喝水，國小學生的書包重量不能超過多少公斤，這些都是執行面的項目。

我覺得最重要的是，包括學生、家長、老師、學校，都用我前述怎樣看待考第一名的心態，來看待考試評估這個排序的工具，來看待考試的結果。分發到第一志願的學校是值得誇獎和鼓勵的，分發不到第一志願的學校，並不是失敗，並不是學習求上進的結束，至於為了進第一志願的學校而偏離學習方向和目的，那就錯誤了。

今天，一句很重要的口號「教育鬆綁」，真正的鬆綁，是要放鬆學生、家長、老師、學校和社會過分重視考試結果這種心態的束縛，放鬆非要進第一志願名校的心理束縛。我會鼓勵每一個學生以考第一名、進第一志願的名校為目標而努力，但是被這個目標綁架而偏離求知的方向，那就本末倒置了，解除這種心裡上的負擔和束縛，才是降低考試升學壓力的根本途徑。有一句話說：「假如我們盡了我們的力去做，我們就是第一名。」我們可以用這句話來看待考試、工作及人生。

第3堂課

上大學該選什麼課？

蘇格拉底說：「智慧是知道自己的知識是何等貧乏。」

柏拉圖說：「不關心和參與政治的代價，是你將會被不如你的人管轄。」

亞里斯多德說：「能夠欣賞好人和好事，是一個人最重要的性格和風度。」

美國波士頓有兩所鼎鼎有名的大學，一所是哈佛（Harvard），特別以人文藝術教育出名；一所是麻省理工學院MIT，特別以理工教育出名。開玩笑時，大家常常會很極端的說：「哈佛的學生只會人文不懂理工；麻省理工的學生只會理工不懂人文。」

有一天，在當地的超級市場快速付款通道上，有兩個學生在排隊，推車裡裝了滿滿的雜貨。當第一個學生把一車雜貨推到收銀台前，收銀台的小姐發火了，跟這個學生說：「你沒看到這個快速付款通道旁邊的牌子嗎？上面清楚的寫著：『快速付款通道，限十二件物品以下』。」這個學生說：「哦！對不起，我是麻省理工的學生，英文不太靈光，沒看懂。」

接著，第二個學生又把一車雜貨推到收銀台前，收銀台的小姐又發火了，問這個學生：「你沒有看到這個快速付款通道旁邊那個牌子嗎？上面清清楚楚的寫著：『快速付款通道，限十二件物品以下』。」那個學生說：「哦！對不起，我是哈佛的學生，數學不太靈光，沒數對。」

我想談談大學教育課程。一個學生在大學四年裡，會選些什麼課？應該選些什麼課？會得到怎麼樣的教育？應該得到怎麼樣的教育？這個題目，跟現在大學裡的老師和同學有直接關係；但我也希望對已經畢業的人，還在讀中學的人，大中小學的老師們、家長們，和關心我們下一代教育的每一個人，也對這題目感到興趣。

在大學裡，不同科系，大致可以分成兩類：一是專業教育（professional training），例如，工程、會計、護理、貿易等，專業教育的目的，自然是培養畢業以後可以進入學生所選擇的專業裡的工作能力。另一類是人文藝術教育（liberal arts education），它還有個很不錯的中文翻譯「博雅教育」，那就是廣博、優雅的教育。「博」也是liberal這個字裡ber的音節，「雅」也是arts這個字裡art的音節，人文藝術教育的科系，包括：中文、英語、音樂、數學等，也可以叫做通識教育。

在專業教育和人文藝術教育的分類中，台灣大學的教育制度和美國大學的教育制度有個不同的地方：醫學、法律、商業管理等專業教育，在台灣都是在大學就開始；但在美國，學生先接受四年的人文藝術教育或者工程、會計等專業教育，拿到學士學位之後，才進入醫學院、法學院、商業管理學院等。

我覺得四年的通識教育加上後續的專業教育，是一個很好的模式。而事實上，現在許多專業教育的學生，都在大學畢業後進研究所，所以，大學四年更有很大的空間來強調通識教育，這包括在學生選擇專業裡的基本課程和訓練，等到了研究所才更加注重專業知識的培養。

我想推廣哈佛大學一位非常有名的教育家亨利．羅索夫斯基（Henry Rosovsky）的看法，不管是專業教育的科系，還是通識教育的科系，一個受過四年大學教育的學生，應該具有下列的能力和經驗：

第一、能夠做清晰、恢弘、敏銳的思考，能夠將自己的思想理念，透過語言文字有條理、有效和有力的表達出來。一個受過良好大學教育的學生，即使不一定是傑出的技術人員，最重要的是，他是一個能夠獨立思考和有充分表達能力的人。

第二、對道德和倫理有相當程度探索和思考的經驗，應對道德和倫理問題能夠瞭解、選擇和判斷。現代社會裡，充滿權力、財富、名望、地位的爭奪和誘惑，在選擇、取捨和決定的過程中，道德和倫理必須超越慣例、人情和法律，作為我們做人做事應有的準則和導引。

第三、除了對自己目前的社會文化有所瞭解，更能夠對別人的社會文化、過去的社會文化有所瞭解。換句話說，必須具有世界觀和歷史觀的教育經驗，一個受過良好教育的人，不能生存在狹窄短視的生活圈子裡。

第四、對物理科學和生命科學有相當程度的熟悉，因而能夠體會如何經由知識的增長，而認識和瞭解宇宙、社會和人類自己。當然，我們不能也不會期待，一個學生對廣大而且瞬息萬變的科學領域，有充分的知識和深入的瞭解，但他必須對科學的方法和內容有相當的體會。

第五、對某一個學門，工程、科學、音樂，或外文，有相當深入的學習經驗，透過知識深度累積，培養推理、演繹、分析綜合的能力。

大學四年教育裡的五個重要方向和範圍，在四年課程裡很粗略的劃分是：有兩年是花在學生選擇的專業裡，那也就是亨利．羅索夫斯基講的第五點；有半年是讓學生選他喜歡的課程；剩下來的一年半，可以分配在通識教育上面。

學生在通識教育裡，應該選些什麼課才能滿足亨利．羅索夫斯基講的前四點呢？在很多學校裡，美國也好，台灣也好，通識教育很容易變成「營養學分」，以致於出現廣泛而沒有深度的題目，或者時髦另類的題目，來吸引學生，這都失去通識教育的原意和精神，那麼通識教育應該包括哪些課程？

我曾經讀過一篇刊登在《紐約時報》的文章，作者大衛．布魯克斯（David Brooks）在徵詢許多意見之後，針對美國大學裡通識教育的缺失，具體提出五門課、或者說是五個領域，作為一個良好通識教育課程的核心，這其中有兩門是科學領域的課程，一門是腦神經科學，另外一門是統計學。

腦神經科學的發展已日漸成熟，在未來的五十年，許多人類的生活行為都可以用大腦的結構和功能來解釋，在這個依然在摸索蛻變和進步的科學領域中，一個受過良好教育的人，必須具備基本的瞭解和判斷能力。

統計學是一門將數學和其他應用科學包括：工程、生命科學、經濟學，以至日常生活連結起來的學問，它會是一門有趣、有用、有啟發性的功課。

另外三門是人文領域的課程，第一門是宗教，作者認為宗教將會是二十一世紀一個重大的推動力。當我們談到宗教，有許多不同的角度和層面，外在的虔誠和內在的信心，是一致的呢？還是有此消彼長的效應？無神論者和虔誠的信徒，是不是彼此都能夠瞭解並尊重對方的智慧？他們是不是都能夠接受善與惡的共存？

很多時候，善與惡的分辨是不容易的，因此作者特別推薦讀一位美國牧師和神學教授萊因霍爾德．尼布爾（Reinhold Niebuhr）的書，在知識分子中，他被認為是一位很有深度的智者，也許有人曾聽過他的一句名言：「請上帝賜給我祥和平順，去接受不可以改變的事，賜給我勇氣去改變必須改變的事，賜給我智慧去分辨不可以改變和必須改變的事。」

「God, give us grace to accept with serenity the things that cannot be changed, courage to change the things which should be changed and the wisdom to distinguish the one from the other.」

人文領域的第二門，作者推薦希臘哲學家的著作，希臘哲學家裡最有名的三個人是：蘇格拉底（Socrates）、柏拉圖（Plato）和亞里斯多德（Aristotle）。他們是老師，徒弟和徒孫的關係，讓我選幾句他們的名言，蘇格拉底說過：「智慧是知道自己的知識是何等貧乏。」柏拉圖說過：「不關心和參與政治的代價，是你將會被不如你的人管轄。」亞里斯多德說過：「能夠欣賞好人和好事，是一個人最重要的性格和風度。」

「Philosophy（哲學）」這個字，源自希臘文中的兩個字：「philein」（愛好），「Sophia」（智慧、知識），哲學的基本定義就是對智慧（wisdom）和知識（knowledge）的愛好，也就是說愛好認識宇宙萬物，思考、瞭解其究竟，從而建立有系統的知識。

人文領域中的第三門，是讀古希臘的歷史。古希臘大約是指公元前一千年到公元前三百年，也就是距今三千年前到二千三百年以前這段時間。在這段時間內，古希臘在藝術、建築、神話、哲學、政治、教育、科學、人文運動都有著輝

煌的成就。

提到這五個領域，有人會說，這是給美國大學生的建議，如果去問不同的教育家，一定也有不同的建議；希臘離我們十萬八千里，古希臘歷史是兩、三千年以前的老東西，學這些東西跟我們有什麼關係？學這些東西有什麼用呢？

我當然不會建議在我們的大學課程中，依照這個建議囫圇吞棗、照單全收。但是，值得我們思考的是，美國離希臘十萬八千里，古希臘歷史對他們來說也是兩、三千年前的老東西，美國是個科技最發達、全球第一名的資本主義大國，為什麼他們的教育家會覺得培養和教育大學生，這些是重要的內容和課題呢？會覺得需要這樣的廣度和深度呢？

教育，不能夠以「有沒有用」作為主要的衡量標的；教育，不應局限於狹隘的時空觀念；教育，沒有速成的捷徑；教育，不應有本小利大、買一送一的僥倖心態。

教育，不能像泡麵一樣，開水一泡就可以吃了；教育，不能像棉花糖一樣，甜甜的、鬆鬆的入口即化；教育，不能像鐵氟龍，只是在表面薄薄一層的材料；教育，不能像免洗碗筷，用過一次即被丟棄。胡適先生說過：「為學要如金字塔，要能廣大又能高。」其實，除了廣大和高，金字塔經歷幾千年的風霜還能屹立不搖，也正是教育的本質與精神。

還有一個笑話是說，有一個學工程的學生和一個對科學技術一無所知的書呆子，一起坐飛機長途旅行。

飛機起飛後，隔了很久，駕駛員宣布：「飛機的一部引擎發生故障，不過不要擔心，這部飛機共有四個引擎，可以靠其他三部引擎安全飛行。」學工程的學生馬上拿出紙、筆和電腦，算了一下，就說：「雖然我們可以安全飛行，但是抵達時間會延後一個小時。」話剛說完，駕駛員就用麥克風宣布，飛機抵達時間會延誤一個小時。旁邊的乘客都覺得這位學工程的學生很有學問。

過了一下，駕駛員又宣布：「飛機第二個引擎發生故障。」這個學工程的學生算了一下馬上說：「我們抵達的時間要延誤兩個小時了。」話剛說完，駕駛員接著宣布：「飛機抵達時間會延誤兩個小時。」旁邊的乘客都十分佩服，對工程一竅不通的書呆子，更是又羨慕又嫉妒。

又過了一陣子，駕駛員又宣布：「飛機第三個引擎又發生故障了。」學工程的學生算了一下，馬上提出他演算的結果：「飛機抵達的時間要延誤四個小時。」那位對工程一竅不通的書呆子，實在忍不住了，覺得他也得炫耀一下他的學問和能力，馬上接口說：「是呀，幸好第四個引擎還在運轉，否則我們抵達的時間恐怕得延誤六到八個小時了。」假如你沒有馬上聽懂這個笑話，不要忘記這部飛機一共只有四個引擎。

第4堂課

把老師當主管

有人說，領導者和經理人不同的地方是，領導者帶人，經理人管事；學術大師和補習班老師不同的地方是，大師要培養學者，補習班老師要幫學生準備考試。我要加上一句話：「老師除了言教，更要身教，領導者更要以身作則，作為大家的榜樣和標的。」

我在清華大學曾和一群年輕教授們談過「怎樣教學」這個題目。我們每個人從小受教於老師，當老師後就去教別人，即使不當老師，在家裡要教自己的小孩，在工作上要教自己的同僚和部屬，所以大家都要問：「怎樣教？怎樣才能教得好？」

「教學」（Teaching）可以分成三個層次，用英文來講就是教授、灌輸(to instruct)、邀請（to invite）和啟發、鼓舞(to inspire)。

我先用一個例子來說明。灌輸，就是要把一個人帶到寶藏的所在地，牽著他的手，一步一步走，他不小心跌倒了，就扶他起來，他累了，就讓他休息，一直到他走到寶藏所在，看到、摸到美麗的珍寶。

邀請，就是把一張尋寶的地圖交給一個人，讓他按圖索驥，找到寶藏的所在。也許他會走得比較快，也許他會走得比較慢，也許他會走得很辛苦，或走得很輕鬆，但只要按照地圖指示走，他不會迷失，最後仍會找到寶藏。

啟發、鼓舞，就是將這個寶藏裡寶物的故事，講給一個人聽，讓他知道這些寶物有多麼美麗和珍貴，讓他聽完這個故事後，會主動想去找一張地圖，再按照地圖尋找寶物。

但是，這三個層次間的分界線並不清晰。灌輸有邀請的功能，邀請有啟發鼓舞的功能，老師應該且同時盡到灌輸、邀請和鼓舞的責任。

再比較詳細解釋，灌輸就是把知識傳遞給學生，這是教學最基本層次，尤其是在啟蒙、基礎的科目裡，要把前人累積的知識轉變成學生自己的知識。

從數學上的加減乘除，英文裡的ABCD，到一個專業的入門，到最高深冷僻的資料和結果，都可以由老師直接傳授給學生，當然這就牽涉到教學最重要的幾個問題。一、教材的選擇：要教些什麼？先教什麼，然後才教什麼。二、教學的進度：一堂課要教多少？一個學期要教多少？三、教學的方法：背誦、練習、做

作業、考試。四、教學的工具：書本、電腦、實驗。五、教學的技巧：有效、有趣的幫助學生學習和瞭解。

總而言之，灌輸的目的，就是讓學生學會、懂得已經存在的知識和技巧，當然，必須真的學會，不是填鴨式得來的知識，或考完試就忘掉的知識，才是第一個層次——灌輸的知識。

第二個層次邀請，就是培養學生獨立學習的能力，學生要學習的東西，不可能全由老師在課堂裡親自教、親自指點，隨著學習的進步，學生必須自己學。

如果自己學習，能夠以灌輸的結果來作基礎，效率會比較高，對初學者也比較容易，這時老師最重要的責任，就是指出學習的方向，為學生準備獨立學習的工具，也讓學生養成獨立學習的習慣和信心。

第三個層次啟發和鼓舞，就是老師不再牽著學生的手一步一步走，老師不再指出學生需要走的方向，只是讓學生體會到一項課程、一個領域，有何等有趣，是何等重要，讓學生自己去摸索，自己去找方向，獨立學習有趣、重要的東西，那才是真的把老師教學生的過程，變成一件有效而快樂的事。

再舉一個例子，灌輸就是把單獨的點建立起來；邀請就是把點用線連起來；鼓舞和啟發就是海闊天空，讓學生自己定點，自己把這些點用直線或曲線連起來。

同樣的，父母親在家裡教導兒女，主管在公司企業裡培養新進人員，也可以分成這三個層次來看。舉例來說，對新進工程師，主管要把重要、基本的操作原理解釋給他聽；對新進的行銷專員，主管要把重要、基本的產品和行銷策略告訴他，那是第一個層次灌輸。

當主管讓一個工程師從基本的操作原理自己去發掘、去瞭解更深更廣的原理，讓一個銷售專員從基本的行銷策略開始，自己去判斷對特定產品、特定地區、特定客戶，詳細的行銷步驟，那是第二個層次邀請。

至於主管讓一個工程師放手建立更有效率、更安全的工程系統，甚至是創新和發明；讓一個行銷專員開發出更有效率、更好的推銷辦法，開發新的市場，或是提出新的產品構想，那就是第三層次啟發和鼓舞。

學校老師和公司主管的確有許多相似的地方，其實，當我們講到領導能力也可以說領導有三個層次，那就是指點（to instruct）、邀請（to invite）和啟發(to inspire)。不過，從企業、公司、政府領導和管理的觀點來看，我可以提出三個精神相似，但是重點稍稍不同，字面上也有不同的三個層次。

第一是賦予工作的能力(to enable)。作為一位領導主管，你必須讓你的部屬有適當的環境和條件，達成他的工作任務，讓他發揮，最重要的是按照一個人的能力、經驗和興趣，分派適當的位置給他。讓部屬做他能夠做的事，做能夠做好的事，做有興趣的事。如果把他放在他的能力和興趣都無法配合的事情，浪費他的才華，也浪費公司資源；主管要幫部屬解決工作上遇到的困難，提供必需的支援，為他安排進修機會。

第二是授權（to empower）。一位領導主管必須適當的將權力和責任交付給部屬，讓部屬有獨立決定的空間，也培養部屬有獨立決定的能力。一個機構不能只有一位將軍，其他都是小兵，不能只有一位老闆其他都是唯命是從的部屬，充分授權，不但能有效分工，更能有效凝聚共同智慧。領導者會指出方向，讓執行者有充分的獨立和支持，走向正確的方向，那就是授權。

第三是激勵（to energize）。一位領導主管必須鼓舞部屬，讓他們瞭解所負責工作的重要性、遠景和精神，讓他自動自發的定方向，全心全力去完成；成功時，怎樣給予鼓勵；失敗時，怎樣幫他彌補、給他安慰，讓每個人將能量發揮到極致。在一個單位裡，能量的凝聚，不是相加，可能是相乘的，三乘以三等於九，也可能是爆發性三的三次方等於二十七，怎樣引爆一個原子彈，是一位領導者的任務。

講到這裡，我相信大家都瞭解和同意，「灌輸、邀請、啟發」，以及「賦予能力、授權、激勵」，是從兩個稍微不同的角度來看教學和領導。

有人說，有三種不同的老師和主管。一是受到學生和部屬尊敬及感激的老師和主管，那是把「灌輸」和「賦予能力」做得很好；其次，是受到學生和部屬愛戴、讚美、欽佩的老師和主管，那是把「邀請」和「授權」做得很好；最後一種是看不見、聽不到，似乎不存在，卻無時無刻不在的老師和主管，那就是把「啟發鼓舞」和「激勵」做得很好。

有人說領導者和經理人不同的地方是，領導者帶人，經理人管事；學術大師和補習班老師不同的地方是，大師要培養學者，補習班老師要幫忙學生準備考試。他們有不同層面的責任，教學也好，領導也好，最後的終極任務都是以人為主。所以我要加上一句話：「老師除了言教之外，更要身教，領導者更要以身作則，作為大家的榜樣和標的。」

希望大家記得：

灌輸（to instruct）、邀請（to invite）、啟發（to inspire）

賦予能力（to enable）、授權（to empower）、激勵（to energize）

第5堂課

教育的四不一沒有

有人說，作弊是一個沒有「受害者的罪行」（victimless crime），好學生照樣可以考他的一百分，我作弊考個六十分、八十分，不會對他有任何影響，這句話大錯特錯。

曾在報紙上看過一篇報導，台灣大學李嗣涔校長勉勵台大新生，要做到「考試不作弊」、「作業不抄襲」、「腳踏車不亂停」、「教室附近不喧譁」，才稱得上有基本品格的台大人。

李校長是極受大家尊敬的教育家，他的訓勉非常深刻中肯，在具體的要求裡，包含了深遠的意義，難怪有一家報紙以「台大四不」作為一版的頭條標題。我想把李校長有意義的訓勉做一些詮釋。站在智慧財產的觀點，我要強調這是李校長原來的訓勉，我只不過是以自己的解釋作引申而已。

第一、「考試作弊」。「考試作弊」延伸到「學術上作弊」，在學校裡，可以說是一個最嚴重的錯失。無論是夾帶小抄、偷考題、在考場裡互通消息、請槍手代考，或是假造學術研究結果、抄襲剽竊別人的研究結果，都是不能夠容許的學術作弊。這種舉動不但違反校規，更嚴重違反學術上絕對誠實的要求。

規則和法令是外在的規範，誠實是內在的自我要求，在一個學術環境裡，對受過高等教育的人來講，這些外在規範和內在要求，是清晰、容易理解，也更能明確徹底的接受和實行的。

完成大學教育之後，多數大學生會踏入社會，更何況他們是社會菁英分子，如果他們在學校裡違反學術的規則和倫理，到了社會就很可能會違反國家法令和社會倫理。在學校裡對學術不誠實，到了社會就變成對工作、對別人、甚至對自己不誠實。我們希望在相當單純的學術環境裡，大學生在人格養成的過程中，朝正確不移的方向走。

有人說，作弊是一個沒有「受害者的罪行」（victimless crime），好學生考一百分，他照樣可以考他的一百分，我作弊考個六十分、八十分，不會對他有任何影響，這句話大錯特錯。學術制度必須建立在誠實互信的基礎上，作弊會徹底破壞這個基礎，受害的是在這個學術環境裡的每個人；如果一個同學不努力，靠作弊同樣可以及格，

甚至得到很高的分數，努力用功的同學會不會感到灰心？會不會也想去作弊？

如果今天貪汙舞弊的官員能夠逍遙法外，那奉公守法、盡忠職守的官員，怎能不感到灰心，不受到同流合汙的誘惑？如果，作假帳逃稅的商人，不會被懲罰，守法納稅的商業競爭者怎能不憤怒？更何況作弊最後最大受害者是作弊的本人。

有人說：「考試不作弊」，是小學老師就講給小學生聽的話，難道還要在大學裡重複嗎？誠實是非常單純的原則，但是在強大的外來壓力和引誘力之下，謹守誠實這個原則，是需要內在的堅定。考試不及格，可能會導致二分之一不及格退學；學位拿不到，找一份高薪工作的可能就不存在了；偽作實驗的結果，可能寫出一篇可以在著名學術期刊裡發表的論文，學生可以提早畢業，做教授的升等就有保障了，你會因此而作弊嗎？

韓國就曾發生過，有一位從事幹細胞研究的教授偽做實驗結果。在名和利的誘惑下，誠實是我們做學問唯一的指南針。推而廣之，在股票市場作內線交易，採購時收取回扣，都是考試作弊的「社會版」。從小學時，考試不偷看，下課回家不偷糖吃，到不為名譽和地位、不為大量金錢、不為名貴珠寶所動搖，人格的成長必須隨著一個人學業和事業的發展而成長，不是在小學畢業之後就停止。

●●●

第二、「作業不抄襲」。抄襲作業跟考試作弊同樣不誠實，被捉到了同樣要受處分；但我也要加一個新的角度來看抄襲作業這個問題。我教書多年，凡是大學部的課，我都安排學生每個禮拜繳交一次作業，如果我不親自改作業，也一定安排助教改作業。

因為做作業是學習過程之一，有些在課堂上、在書本裡沒有詳細討論的內容，可以用作業來補強，而且同學間可以互相討論請教，做作業有切磋琢磨的功能。我也會向同學宣布，有些考試的題目，很可能是從作業題目裡選出來的，鼓勵他們好好做作業。「抄襲作業」說得輕鬆點，是沒有養成良好的學習習慣；說嚴重一點，就是自欺欺人、自暴自棄，把好的學習機會浪費、錯過了。

其實除了讀書，在大學裡，有許多機會參加課外活動、從事社會服務、交朋友、鍛鍊身體，這都是學校提供給每個同學的教育機會。反過來說，現在很多同學把過多時間，沈迷在網路瀏覽交談的活動，雖然這沒有違反任何校規，也有它的正面功能，但過了頭，也就難免跟「抄襲作業」放棄學習的機會，有相似的地方了。離開學校進入社會後，「作業不抄襲」，除了誠實，更代表「實事求是」、「腳踏實地」、「不抄小路走後門」、「掌握和實用求進步的機會」的態度，這都是希望能在大眾教育裡培養的。

曾聽過一個笑話：有一門有幾百名學生選修的課，期中考時，學生都集中在大禮堂考試，考前，監考老師說：「禮堂這麼大，發卷子、收卷子都需要很多時間，為公平起見，我先把卷子發下去，大家不許看，等上課鈴響才一起開始；下課鈴響時，大家必須都停下來，

不許再寫，把卷子交到前面來，下課鈴響之後，還在寫的人，我會拒絕接受他們的卷子。」老師把卷子發出去，鈴聲一響，大家開始寫，鈴聲再響，老師說：「停！把卷子交到前面來。」

大家都照著老師的話去做，只有一個學生坐在後面角落，還是低著頭、拚命寫，當老師花了十幾分鐘，把大家交上來的卷子，整整齊齊的疊成一堆，正要抱著這一堆卷子走出大門時，坐在後面角落拚命寫的學生衝上來說：「老師，我也要交卷子。」老師說：「我講得清清楚楚，我不會接受鈴響之後還在寫的卷子。」

那個學生瞪著老師說：「您知道我是誰嗎？」老師說：「我不知道你是誰，我也不管你是誰！」學生說：「好極了！」他把卷子往老師那堆卷子中一塞，回頭就跑掉了。這當然是個笑話，這個學生投機取巧，違背了公平競爭的原則，不是一個好榜樣。

第三、「腳踏車不亂停」。現在很多校園都不許機車通行，腳踏車是重要的代步工具。同學們騎了腳踏車去上課、去圖書館、去餐廳，到了之後，往往把腳踏車丟在不該停放的地方，例如，人行道、大門出入口，造成行人安全和方便的問題；即使在畫定停放腳踏車的區域，車子也停得雜亂無章，浪費了停車空間，也不雅觀。「亂停腳踏車」也許是一件小事，但是它表現出來的是自私，只求自己方便，不為他人著想的心理。

在工作上、在社會上，只為自己方便和利益打算，不管別人因此受到的不便和損害，跟「亂停腳踏車」的心態是一樣的。「腳踏車不亂停」只是消極不自私的作法，看見亂停的腳踏車，幫忙排列一下，是輕而易舉且值得去做的事。我以前在清華校園裡散步，有機會也會動手把雜亂停放的腳踏車搬動整理一下。「腳踏車不亂停」，消極面代表不作自私的事；積極面更是代表為學校、為社會、為國家付出，作出無私的奉獻。

第四、「教室附近不喧譁」。代表的是在文明社會裡，特別是受過高等教育的人，必須注意自己的行為，尊重別人的權利。從別人在上課，我們不應該打擾他們開始，到在宿舍裡、圖書館裡、運動場上，又推廣到公車、火車、購物商場、車站、機場等。在公共場所、在使用共同設備時，每個人都有他應有的權利，我們必須尊重。明顯例子如使用手機、播放音樂、與朋友交談的時候，不要喧譁，排隊守秩序，不爭先恐後。「教室附近不喧譁」，消極的一面是不侵損別人的權利；積極的一面是對別人的禮貌和客氣。

除了李嗣涔校長的「四不」，「考試不作弊」、「作業不抄襲」、「腳踏車不亂停」、「教室附近不喧譁」「四不」之外，讓我加一個「一沒有」：那就是學問、志向和度量，都是沒有止境和限度的。

首先，學問是無止境的，大學教育只不過是專業教育的第一課，也是終身學習的開端，也為專業教育和終身學習打好最重要的基礎。在大學裡，同學們必須好好把握機會，做到不斷努力、不斷追求、不斷充實自己。學問是相通的，知道越多，越能夠融會貫通，越能夠發揮活用。

其次，志向是沒有限度的，在學業上、在事業上、在人生裡，要看得高、看得遠，不要妄自菲薄，不要急功近利，要有決心和勇氣去做大事。

第三，度量是沒有限度的，一個受過高等教育的人，必須有開濶的心胸，能容納和瞭解別人不同的意見，原諒寬恕別人的錯誤。尚書裡說：「有容乃大」，正是說待人處世要心胸寬大，不要凡事斤斤計較，要容忍別人的錯誤，才能成大事擔大任。

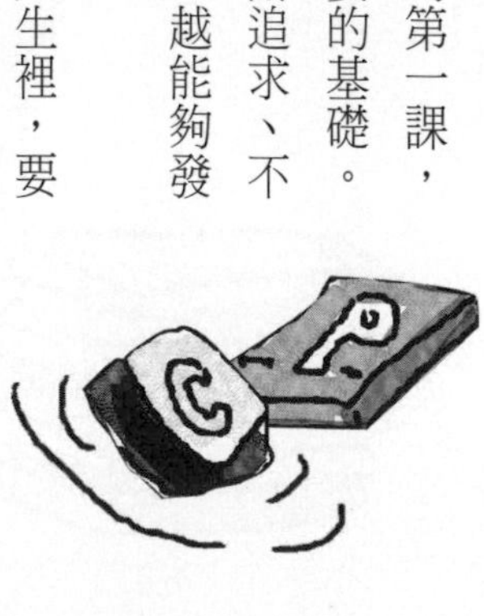

許多大學生寧願死也不願意聽訓話，原因是訓話的內容被看成教條、口號，很多人認為講了之後不會有結果。有個笑話是這麼說的：有三個人，一位音樂家、一位大學校長和一位大學生。他們都犯了滔天大罪，被法官宣判死刑。法官跟他們說，法律上有一個慣例，每個人在被槍斃前，可以有一個最後的願望，音樂家說：「我的願望是替我安排一架鋼琴，讓我再彈一遍我最喜歡的音樂，再把我槍斃。」大學校長說：「我的願望是召集全校的學生到大禮堂，讓我對他們再作一次訓話，再把我槍斃。」大學生說：「我的願望是在校長訓話以前，先把我槍斃。」

人格的養成是日積月累的，是在和別人互動中琢磨出來的，是在自己小心觀察和深刻思考中體會出來的。校長和老師講的話只是一個提示、一個導火線，經由他們的提示，多聽、多看、多體會、多思考，為自己培養誠實、進取、不自私、尊重別人的品格。

第2講／不同角度看事情

第6堂課

時間等於無限多個瞬間

主觀時間跟體溫有直接關係，體溫高時，覺得時間過得比較慢；體溫低時，覺得時間過得比較快。有位地理學家被困在雪封的山洞裡將近兩個月，陷入近乎休眠狀態，但他出來後，還以為只困在裡面四個星期而已。

假如問大家一個問題：「時間是什麼？」相信有人會脫口而出：「那不就是幾小時幾分幾秒嗎？」但如果再花一點點時間去想「一點點時間」是什麼？你會發現，「時間是什麼？」並不是一個簡單的問題。

科學家兼哲學家聖奧古斯丁說：「時間是什麼？」「假如沒有人問我，我知道；假如有人問我，要我給他解釋，我就說不知道了。」

哲學家對「時間」這個觀念，有兩個不同的看法，一個可以說是現實主義或純科學的觀點，包括牛頓在內，他們認為時間是宇宙之中一個絕對獨立的觀念，時間加上空間形成宇宙最基本的架構，時間加上三度空間就是大家都聽過的「四度時空」。

一個物體在某一個時間於三度空間裡的位置，就是宇宙裡最基本的描述，從這個描述，我們可以把速度、力、能量這些觀念導引出來；但是，反過來，空間和時間是最基本的觀念，是不能夠用其他觀念導引出來的。

四度時空有四個座標，空間的三個座標用長度來量，以公尺、公分等作為量度的基本單位，時間的座標用時間長度來量，以小時、分、秒作為量度基本單位。在科學研究和工程應用上，精準計時非常重要，現在我們用原子共震的頻率作為時間長度的標準，就是所謂「原子鐘」。現在的原子鐘，一百萬年的誤差還不到一秒。

在這個座標觀念下，我們還得問「時間是連續的嗎？」這一瞬和下一瞬之間是間斷的？還是連續的？也就是說，還有沒有中間的一瞬？這仍是一個目前沒有答案的問題。其實，這是物理學裡很重要又深奧的問題，相對論和量子論都假設時間是連續的；換句話說，時間可以分成無限多個瞬間。

不過，相對論和量子論至今還有互不相容的地方，物理學家還沒有成功的把相對論和量子論結合起來，如果，他們能夠發展出總其成的相對量子論（relativistic quantum theory），那麼，對時間是連續的假設將得到進一步的肯定。目前物理學家能夠看到最短的時間距離，是當電子移動時，相隔一億分之一秒的兩個影像。

「時間」的觀念，還有另外一個和現實主義相反、以德國哲學家兼數學家萊布尼茲（Leibniz）為代表的學說，那就是時間不是一個絕對的架構，而是幫助我們決定事件相對的先後次序、比較事情持續時段長度的一個基本架構。

換句話說，現實主義者認為，時間是一個絕對的量度座標，時間是獨立存在的一個觀念；而相反的看法則主張，因為我們有知覺，時間才會存在，亞里斯多德說過：「如果知覺不存在，到底時間存在不存在呢？」用同樣的觀點來看，位置和數目，也都是幫助我們決定物體相對的位置和相對大小的基本架構。另一個相似的問題，如果我們不會數數，那麼到底有沒有可以被數的東西呢？

這樣說也許有點玄，這讓我想到一個心理學家們討論很多的問題，那就是「客觀時間」和「主觀時間」的分別。客觀時間就是在一個絕對的座標上，用原子鐘一分一秒計算的時間，火車進站誤點三分十四秒是用碼錶量出來的；主觀時間卻是我們心理上所感覺到的時間，換句話說，主觀時間是一個人對獨立客觀時間的知覺和估計，一個要趕火車上班的人，會覺得火車誤點了很長一段時間，甚至還會罵：「十幾分鐘了，怎麼火車還不來？」可是，一個在火車站和女朋友道別的人，卻會說：「這討厭的火車怎麼那麼準時。」

很明顯，客觀時間的量變是獨立的，主觀時間的量變是受心理狀態影響的。快樂、興奮的時候，真是「不知時日過」，出去和朋友逛街、買東西、唱歌、吃宵夜，一下子就到了爸爸媽媽規定要回家的時間；可是，悲傷、焦慮、緊張的時候，卻是

「度日如年」，就像在產房外等待太太生產的先生，會覺得時間過得很慢。主觀時間的量度也受到外在環境的影響，大熱天躲在開著冷氣的家裡看電視，時間過得比較快；冬天下雨站在路邊排隊等公車，時間過得比較慢。

有一個比較有趣的例子，心理學家說，主觀時間跟體溫有直接的關係，體溫高的時候，覺得時間過得比較慢，體溫低的時候，覺得時間過得比較快，太太發高燒，先生出去為她買藥，先生說他去了二十分鐘，太太說他去了三十分鐘。潛水到海底的人，因為他們的體溫下降，所以，他們覺得停留在海底的時間比實際的客觀時間短。有一位地理學家，被困在一個雪封的山洞裡將近兩個月，陷入近乎休眠的狀態，但是他出來的時候，還以為只困在裡面四個星期而已。

還有一個最有趣、也的確得到大家認同的現象，主觀時間是跟年齡有關係的，年輕時，覺得時間過得比較慢，年紀大了，覺得時間過得比較快；小時候，覺得暑假好長好長，年紀大了，覺得剛剛才吃過端午粽，中秋的月餅又上市了。

甚至有一位科學家發明了一套公式，按照他的公式，一個四十歲的人和一個十歲的小孩比較，四十歲的人會覺得時間過得比十歲的小孩快一倍，和一個二十歲的年輕人比較，四十歲的人會覺得時間過得比二十歲的年輕人快四〇％。這套公式，也得到某種程度的實驗證實。

一段客觀時間裡，比如說二〇〇九年一月一日到二〇〇九年十二月三十一日，如果一個人覺得時間過得比較慢，他會覺得在這一年裡，他得到的人生經歷比較多；如果一個人覺得時間過得比較快，他會覺得得到的人生經歷比較少。把這個觀點數字化，我們可以說，在同樣的一段客觀時間裡，一個人所得到的人生經歷，和他覺得時間過去的速度成反比。

再用上述的公式來算，一個八十歲的人在同一段客觀時間裡，得到的人生經歷是一個四十歲人的七〇%，是一個二十歲人的一半，是一個十歲人的三五%，說得簡單些，也可怕一點，一個人年齡越大，會越有白活了一年，真有一事無成的感覺。

依公式算下去，不管一個人活到八十歲、一百歲、一百二十歲，當他到達二十歲的時候，他差不多已經過了他人生經歷旅程的一半了。更有趣的是，雖然這是一九七五年按照數學算出來的結果，但遠在一八三七年就有一位詩人說過：「不管你可以活到多少歲，二十歲的時候，就是你生命經歷的一半了。」同樣的，當他到達四十歲時，也差不多已經是過了他人生經歷旅程的七〇%。

我們怎樣解釋「年輕時，時間過得比較慢；年紀大時，時間過得比較快」這個現象呢？一個很簡單的解釋，對一個十歲的小孩來說，客觀時間的一年是他生命中的十分之一，這一年中充滿了新的事物，所以覺得時間過得比較慢；而對一個五十歲的中年人來說，客觀時間的一年只是他生命中的百分之二，很多事物都已經經歷過了，所以覺得時間過得比較快。

還有，從心態的觀點，年輕時，對現在多少會有若干的不耐煩，對未來有若干的期待和好奇，希望趕快把中學念完，把進大學這一關打發過去，然後趕快把書念完，好開始工作賺錢、結婚、生子、創業，因此，會覺得時間過得太慢；年紀大了，對現有的相當滿足、珍惜和留戀，對未來有某種程度的逃避和猶豫，當生命和事業都已經進入佳境，登上或超過人生巔峰，不想看到時間的消逝，因此，會覺得時間過得太快了。

年輕時，覺得來日方長，時間過得太慢，就像銀行裡有很多存款，固定一點一點花，花得太慢了；年紀大的時候，覺得夕陽無限好，只是近黃昏，時間過得太快，就像已經看到銀行裡存款的底線了，固定一點一點花，仍然花得太快了。

心理學家還有另外一個解釋，一個人對時間長度估計的能力，會隨著年齡而變化。我們身體裡，其實有好幾個鐘，一個是大家都熟悉的二十四小時生理時鐘，我們的體溫、脈搏、荷爾蒙的分泌，和白天夜晚有關，大約是二十四小時的循環，這就是一個影響我們生活作息的生理時鐘，也就是我們在長途飛行，穿過很多時間區域之後所出現的時差現象。但是，我們身體裡，還有別的時鐘，一個就是估計時間長短的鐘。

心理學家做過一個實驗，讓一群人看著電腦螢幕上呈現的一些圖片形狀，然後問：「你看了多久？」他們發現，年紀大的人估計的時間，都比真實客觀時間短，例如，他們看了一分鐘，只會估計他們看了半分鐘，看了兩分鐘，只會估計他們看了一分鐘，而且這個估計是隨著年齡的增加而縮短的。因此，心理學家推論，年紀大的人，身體裡估計時間的鐘會慢下來，在客觀世界裡，發生一分鐘的事情，在老人家的腦袋裡，卻是才發生了半分鐘的事情，怪不得老人家會覺得時間過得比較快了。

也有心理學家用資訊處理的觀點來解釋這個現象。人處理資訊的能力，包括對語言、文字、圖片、動畫的接收、瞭解和反應的速度，從小時候開始增加，到了二十歲左右到達巔峰，然後開始走下坡衰退。譬如十歲時，資訊處理的速度是二十歲時的六〇%，在六十歲時，資訊處理速度是二十歲時的五〇%。心理學家說，資訊處理速度快的時候，覺得時間過得慢；資訊處理速度慢的時候，則覺得時間過得快。就像一個球在我們面前穿過，反應快的人覺得球走得並不快，反應慢的人，覺得球走得太快了。

總之，根據心理學家的測試，年輕人的確覺得時間過得比較慢，年紀大者的確覺得時間過得比較快，不管你相信哪一派的理論，只要你對未來充滿期待和好奇，為未來安排很多計畫和活動，接受挑戰，創造機會，不斷進取，那麼你會覺得時間過得比較慢，你會變得比較年輕，你會覺得你的生活跟年輕人一樣充實，至於真正的原因，還是讓那些蛋頭學者去討論吧！

第7堂課

你是聰明人，還是糊塗人？

在許多事情裡，我們不是傻瓜笨蛋，不是瞎子聾子，而是不去計較，裝作看不到、聽不到，這正是從聰明轉為糊塗。為人父母、師長、長官的人，更應該體會「難得糊塗」的幸福和智慧。

媽媽到學校去看老師，如果老師說你的兒子真聰明，媽媽聽了一定高興得不得了；兒子月考不及格，爸爸又生氣又擔心，一直罵「怎麼這麼笨？」似乎大家都愛聰明，不喜歡愚笨。

宋朝蘇東坡，他小兒子出生滿月時，按照習俗為嬰兒洗澡叫做「洗兒」，他寫了一首〈洗兒〉詩：

人皆養子望聰明，我被聰明誤一生。

惟願孩兒愚且魯，無災無難到公卿。

蘇東坡這首詩，有兩個層次。第一個層次是他說出他心中的牢騷和不平，雖然他有蓋世才華，可是他做官生涯相當不順利。宋神宗王安石變法革新時，蘇東坡被認為是反對派司馬光的人，幾次被貶到偏僻的外地，一生鬱鬱不得志。所以他在詩裡，諷刺大官們都是笨蛋，只要聽話、懂得逢迎拍馬屁，不需要什麼才華，「惟願孩兒愚且魯，無災無難到公卿」。

另外一個層次，也可說是呼應了一句老話：「聰明反被聰明誤。」聰明人往往因為自己聰明，沒有成功，反而招致失敗。

聰明的人往往因為自己聰明，而變得過分自信，不好好努力，或不能夠虛心接受別人的意見和別人的幫忙，更不會主動徵求別人的意見、找別人幫忙，甚至變得驕傲狂妄，對別人不客氣不禮貌。聰明的人野往往以為自己聰明，而低估了競爭對手的聰明和能力，最嚴重的是做出違法、不道德的事情，以為即使蒙蔽真相、欺騙眾人，也不會被發現，但是到了最後反而吃虧、受到懲罰。

大老闆發現手下的小職員犯了錯，會大發雷霆，開口痛罵：「你實在太糊塗，你看我們的競爭對手，是何等精明！」似乎大家都愛精明、不喜歡糊塗。

相信大家都聽過鄭板橋很有名的四字箴言：「難得糊塗。」鄭板橋是清代有名的書畫家、文學家，他在科舉考試中，表現得很不錯，二十歲左右在康熙年代就考中秀才，四十歲中舉人，四十三歲在乾隆元年中進士，所以有「康熙秀才、雍正舉人、乾隆進士」之稱，但他在官場裡，並不得志。有一次他遇到一位自稱「糊塗老人」的老先生，鄭板橋為他題了「難得糊塗」四個字，又加上三句話：「聰明難、糊塗尤難、由聰明轉入糊塗更難。」

我覺得，「精明」和「糊塗」是相對的，精明，就是把事情看得很清楚、計算得很周到；糊塗，就是沒有把事情看清楚、計算得很周到。

世界上有許多事，聰明人會去爭取、去計較；糊塗的人不知道去爭取、不曉得怎樣計較；由聰明轉成糊塗的人，知道怎樣爭取，曉得怎樣計較，卻選擇不去爭取、不去計較。在上司面前，聰明的人懂得怎樣去表現自己、討好上司，糊塗的人不懂得怎樣做，而由聰明轉成糊塗的人，卻選擇不這樣做。聰明的人會看到占便宜、抄捷徑、走後門的機會，糊塗的人看不到這些機會，由聰明轉成糊塗的人卻選擇放棄這些機會。

聰明人會看得很清楚別人的缺點和過失，糊塗的人看不到這些缺點和過失，由聰明轉成糊塗的人，卻不把別人的缺點和過失放在心上。

聰明人會把別人對他的虧欠算得很清楚，糊塗的人不知道怎樣去算清楚，由聰明轉成糊塗的人卻不算。聰明是才能，糊塗是幸福，由聰明轉成糊塗，那是智慧。

唐朝著名的大將軍郭子儀，平定內亂，多次擊敗入侵的回紇吐蕃大軍，功勞很高，他的第六個兒子郭曖，娶了皇帝唐代宗的女兒昇平公主為妻。

有一天郭曖和昇平公主吵架，郭曖說：「皇帝有什麼了不起，我父親只是不想當而已。」昇平公主回到皇宮，跟父親哭訴告狀，唐代宗叫她不要哭，好好回家。郭子儀聽到此事，氣得把兒子關起來，等待皇帝懲罰他。

唐代宗安慰郭子儀說：「不痴不聾不作家翁，小兒女在閨房裡講的話，我們大人何必把它當真呢？」這就是難得糊塗的一個好例子。

在許多事情裡，我們不是傻瓜笨蛋，不是瞎子聾子，而是不去計較，裝作看不到、聽不到，這正是從聰明轉為糊塗，也是鄭板橋所講的「難得糊塗」。尤其是為人父母、師長、長官的人，更應該體會「難得糊塗」的幸福和智慧。

● ● ●

中國有所謂十大名酒的排行榜，其中有一種在貴州赤水河沿岸釀的酒，叫做「小糊塗仙」，這酒的名字取得真好，「小糊塗仙大智慧」，一點小糊塗也許可以把我們帶到神仙的境界，夫復何求呢？

還有兩個歷史上很有意思的小故事，有一副對聯，描寫歷史上兩個有名的人——三國時代的諸葛亮和宋代的呂端，這副對聯的上下聯分別描述他們的個性，「諸葛一生唯謹慎，呂端大事不糊塗」。

三國時代諸葛亮足智多謀，做事非常小心、周到，不留任何出錯的空間，因此所謂說：「諸葛一生唯謹慎。」

他非常謹慎的風評也救了他一命，那就是空城計的故事。有一次諸葛亮帶了五千士兵去西城縣搬運糧草，司馬懿知道諸葛亮在西城縣，就帶了十五萬大兵分兩路向西城縣殺過來。

諸葛亮手下，只有一批文官，連一個大將都沒有，諸葛亮馬上下令，將城牆上軍隊旗幟都拿下來，把四面的城門都打開，每個城門外派二十個兵，裝扮成老百姓灑水掃街，他自己也換上休閒裝扮，帶了兩個書僮坐在城上，焚香操琴。

司馬懿的軍隊到了城下，看到這個情形，趕快向司馬懿報告，司馬懿親自前往看到這景象之後，便下令退兵。

司馬懿的兒子說：「可能諸葛亮沒有兵，故意裝成這個樣子，為什麼要退兵呢？」司馬懿說：「諸葛亮一生謹慎，不會冒險，現在城門大開，一定有埋伏，我們打進去，一定中了他的計，還是趕快撤退吧！」

諸葛亮靠一生謹慎的形象轉危為安，司馬懿倒是「聰明反被聰明誤」了。現在「空城計」就成為「真真假假」、「虛則實之，實則虛之」這個策略的代名詞，在有名的三十六計裡，空城計是第三十二計。

呂端是宋朝的一位宰相，宋太宗要讓呂端當宰相時，有人說：「呂端為人糊塗。」宋太宗說：「呂端小事糊塗，大事不糊塗。」這就是「呂端大事不糊塗」這句話的來源。

宋太宗這句話，可以解釋為「雖然呂端是個糊塗人，但是他只出小錯，不出大錯，還是可以接受的」。但我覺得宋太宗這句話應該解釋為「呂端知道什麼是可以、甚至是應該糊塗的事，什麼是不可以糊塗的事」。

呂端到底在什麼事上有糊塗的表現呢？按照宋史的記載，他「寬厚多恕」，那就是心胸寬廣，很多事情都不放在心上，別人得罪了他，他不介意；別人誤會他，造謠中傷他，他不辯駁、不理會，只是說：「風言風語不足畏」。

他曾經幾次被降官，仍坦然不放在心上，他有位同僚寇準，在有些要排名的地方，他都自動要求排名在寇準之下；他和別人交往，對錢財不會計較，「輕財好施」，對家裡的事不過問，「未嘗問家事」，不為自己積蓄財產，這都是他糊塗的地方，也正是難得的糊塗，更是他在大事上不糊塗，可以做大事的原因。

很多年前，我聽過一個有關尹仲容先生的小故事，尹仲容先生對台灣的經濟發展有很大的貢獻。有一次，一位下屬送上一份公文，請他批示一個案子，他看了之後批「不管此等小事」。

小事可以解釋為雞毛蒜皮、瑣碎零雜的事；也可以解釋為不要管、不該管的事。古語說：「莫因善小而不為，莫因惡小而為之。」在善良和邪惡、合法與非法、道德與不道德的分野之中，每一件事都是大事，每一件事都糊塗不得。

有一本書《用人管理糊塗學》，指出在一間公司裡，在用人和管理上面，有許多值得、甚至應該先糊塗的地方。看了以上幾個小故事後，大家也已體會到「糊塗」兩字，不只是大老闆用來罵小職員的一句兇話而已；也可以作為大老闆用人和管理的原則。

第一、知人善用，忽略一個人的缺點，看出他的優點，把這個人安排在他適合的位置上。

第二、大度為懷，能夠寬恕容忍別人的錯誤。

第三、抓大放小，掌握大原則，不必拘泥小節。

第四、重裡輕表，許多表面的工夫和動作，是可以忽略的。

第五、用人唯才，不要以為「官大學問一定也大」。

第六、平易近人，放下架子，職位和身分的高低，往往是不重要的。

第七、分層負責，有些事只要基層的人看成不可以糊塗的大事，大老闆就可看成可以糊塗的小事。

也許，我把大家也給講得糊塗了，但是那又何嘗不是難得的糊塗呢？

第8堂課

跌倒了，不必急著站起來

中國古代已經知道測謊機的基本原理，審理案件的法官會讓嫌犯在嘴裡含著一把米，敘述他被控告的罪行，當一個人情緒緊張時，嘴裡唾液的分泌會減少，嫌犯敘述完畢後，如果嘴裡的米還是乾的話，那就表示他說謊了。

深夜裡，一位警察在街道上巡邏，路燈下，一位老先生趴在地上找東西，警察問老先生：「你在找什麼？」老先生說：「我剛剛摔了一跤，把錢包丟了，我在找我的錢包。」

警察問：「你在哪裡摔跤？」

老先生說：「在那邊黑暗的牆角。」

警察問：「那麼你為什麼不在牆角那邊找錢包呢？」

老先生說：「那邊太暗了，什麼都看不見，不可能找到什麼東西，這邊有燈光，才有可能找到。」

乍聽之下，這位老先生似乎把頭摔昏了，邏輯出了問題，但是讓我們仔細想一下，牆角那邊非常黑暗，即使有什麼東西也不可能找到，在路燈底下，還有希望，即使他找不到自己的錢包，也許還有可能會找到比他自己的錢包更好的東西。

從小到大，我們走路時，都曾經跌倒，在人生的旅程裡，在學業、事業、經濟、愛情、健康各方面，也都曾經跌倒過，當我們跌倒的時候，我們會怎麼反應呢？

首先，在我們的字典裡，跌倒是一個意外，一個小插曲，一個失望，一個挫折，而不是一個失敗，所以跌倒之後，我們一定要、也一定會爬起來。有句話說得好：「跌倒不是失敗，跌倒之後爬不起來才是失敗。」

有些人跌倒了會馬上爬起來，他不把跌倒放在心上，也不想讓別人看見他跌倒。當我們犯了不可補救的錯誤，那就不要把錯誤放在心上。開車不小心把車子碰壞了，出門旅行時電腦被偷，想爭取的一份工作，可是這個位置被取消了，都是一個失落和失望，但是何必為這些事情懊惱呢？

英文裡說，Don't cry over spilled milk，不要為打翻的牛奶哭泣，正是這個意思。有時出錯，也不一定要在別人面前張揚、埋怨，雖然有時候同情和瞭解是有用的，但是有時候，難免會有幸災樂禍的人，他們可能只會讓你更不開心。「打

落門牙和血吞」是好漢的作為，「忘記背後，努力向前，向著標竿直跑」是《聖經》裡的教訓。

有些人跌倒了，會嚎啕大哭一場，把心裡的不舒服發洩出來，我覺得未嘗不好。只要不哭得太傷心，哭得太累，哭得吵到別人。有些人會破口大罵，怨天尤人，罵老天爺雨下得那麼大，罵土地公路面高低不平，罵把香蕉皮丟在地上的短命鬼，罵到處拉屎的野狗。只是發洩憤怒和怨氣，只要不要罵得太惡毒，罵得太不雅，罵得把自己也累死了，倒也無傷大雅。有些人也會找到藉口或理由，解釋出錯的原因來安慰自己，只要不是撒謊，講大話，也算可以接受。

有些人雖然跌倒了，會覺得運氣很好。他們會想，雖然皮破血流，卻沒有斷手斷腳；牛奶打翻了，起碼沒有打破杯子；升等的機會失掉了，起碼沒有把現有的位置失掉。意外、挫折常常會讓我們發現自己其實還蠻幸運的。英文裡常說：「It could have been worse」(可能會更糟糕)，中文裡也說：「不幸中的大幸。」都是要我們用正面的心態去接受意外和挫折，要比用負面的心態來得好。

有些人跌倒了，會坐在地上休息一下，喘口氣，再爬起來。跌倒的時候也許跌得很疼，也算吃了一驚；若等一下再爬起來往前走，會讓你走得更穩健、更快。當你犯錯的時候，你會很心急的想彌補錯誤，但是不能操之過急。

開車時，總會記得一件事，如果出了意外，車子給撞了，在驚恐之餘，一定先靜下心，再繼續往前走，否則一個意外會引發另一個意外。如果在工作上被辭退了，給自己一點點空間和時間，恢復過來；如果只因為不想掛上失業的標籤，而匆忙接受一份新工作，你找到的可能不是最適合的工作。

有些人跌倒了，會重新思考自己跌倒的原因，然後，把它當作一個經驗和教訓，希望以後不再犯同樣的錯誤，並且可以和別人分享這個經驗，讓別人也不會跌倒。不過，和別人分享成功的經驗比較容易，比較光彩，要和別人分享失敗的經驗，雖然不容易，卻更有用、更寶貴。

有些人跌倒了，會在爬起來之前，看看地上有沒有可以撿起來的東西，知名企業家許文龍先生說過：「跌倒了，不必急著站起來，先找找看，有什麼可以撿起來的，再慢慢站起來。」前面故事裡，那位在路燈底下找錢包的老先生，說不定就是許文龍先生。他知道在黑暗中摸索是沒有結果的，只有在有路燈的地方，即使找不到自己的錢包，也許可以得到一點補償，也許還會找到更好的東西，把危機化為轉機，那是成功者的一個特質。

當你看到別人跌倒的時候呢？會有怎麼反應呢？有些人會假裝看不見；有些人會哈哈大笑，拍掌叫好；有些人會覺得幸運，跌倒的不是他自己；有些人會趕快把跌倒的人扶起，幫他找錢包；有些人卻會混水摸魚撿起別人的錢包占為己有。

有個人在高速公路上開車，被警察攔下來，警察說你超

速了，要開罰單。他很生氣、大聲抗議，前面那部車子也超速，為什麼你不把他攔下來？

當一個人犯了錯誤，被別人發現時，往往會有不同的反應。

第一種反應是：極力否認。「我清清楚楚的知道，我沒有超速。」「我可以向你保證，我從來沒有去過那個地方。」為了要證明自己沒有錯，極力否認的方式還有許多種。一種方式是：引用似是而非的理由，來支持自己的清白。「我從來沒有聽過那個地名，我怎麼可能去過那個地方？」「我是留美博士，我怎麼可能偷這個小東西？」。

另外一個方式是：用大聲音、大動作來抗議。用力把桌子一拍，怒氣沖沖的說：「我怎麼可能會偷看你的檔案？」再帶了大批人馬到法院按鈴申告，「某某人，發表不實言論，有損我的清譽。」有一句話說：「理直則氣壯」，這句老話可以倒過來應用變成「氣壯則理直」，只要我敢大聲疾呼，我自然就是對，就是沒有犯錯了。

還有一個方式是：發誓，發重誓、發毒誓。「假如我偷了你家的老母雞，讓我天打雷劈，斷子絕孫」，更有人會鄭重其事，到廟裡菩薩面前，斬雞頭，指天發誓，「如果我拿了不義之財，我全家死光光。」其實發誓是古老的民間習俗，中外都有這種習俗，這種習俗被現代人巧妙的採用了，現在大家都知道打雷閃電是自然現象，被雷擊中的機率本來就很低，跟你有沒有偷別人的老母雞無關，而全家死光光是人類生命歷程、世代交替的必然過程，不管哪一個家庭，遲早都會全家死光光，跟有沒有拿不義之財無關。古希臘的一位雄辯家說過：「法律不容許一個人為自己作證發誓。」

另外一個相當現代化的方式就是主動接受測謊機的考驗。使用機器測謊開始於十八世紀，它的基本原理是當一個人說謊時，他呼吸的速度、脈搏、血壓、汗水、唾液的分泌都會改變，所以當一個人回答一個問題時，這些指數都沒有明顯的改變的話，你就不能指控他說謊了。

到底測謊機有多可靠，爭議還是很多，起碼有人相信，有些說謊的人可以控制自己的心理狀態，騙過測謊機。其實，在中國古代也已經知道測謊機的基本原理，審理案件的法官會讓嫌犯在嘴裡含著一把米，然後敘述他被控告的罪行，因為當一個人情緒緊張時，他嘴裡唾液的分泌會減少，所以嫌犯敘述完畢之後，如果嘴裡的米還是乾的話，那就表示他說謊了。古代的古印度人也知道應用同樣的原理。

當一個人犯錯被人發現後的第二種反應是：我的確有這樣做，只不過我認為那是正確的、合乎正義的、合法的。「我重重的用棍子打他，只是要他記住好好努力，不得偷懶。」「我的理解，紅燈是僅供參考之用，我有急事，所以才闖紅燈。」狡辯也好，強辯也好，只要把造反說成有理，那麼造反就是無罪了。尤其是在法治的社會裡，只要你請到好的辯護律師，能夠在法庭上講得頭頭是道，你就是無辜的了！

所以，有人說上法庭訴訟是比較誰出得起最多錢，請得起最好的律師。有一個笑話說，有一個大老闆，被控告掏空公司的

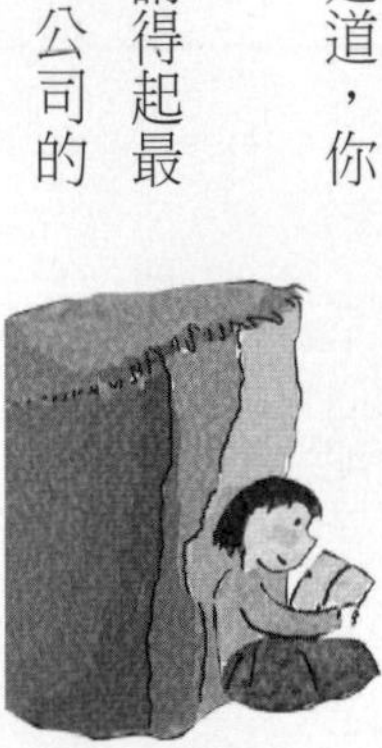

財產，他請了一位最好的律師替他辯護。當法庭宣判他無罪的那一天，他人在國外，他的辯護律師很高興的發給他一封電報：「正義公理得到伸張」，他回了一封電報：「不能接受，趕快再上訴。」原來這個老闆誤以為別人贏了官司。

第三種犯錯後被人發現的反應是：我的確是做了，我的確是錯了，但那是無心之過，是別人誤導我的。「小明，你為什麼偷糖果吃？」「那是哥哥教我的。」「這個決定是下面科員簽辦上來，我不過是蓋一個橡皮圖章而已。」「年少無知」是一個理由；「年紀大了，記憶力不好，腦袋不靈光了」是一個理由；「吃了幾天感冒藥，昏昏沈沈，判斷力異常。」也是一種理由；亞當和夏娃偷吃禁果，都是那條蛇不好，引誘他們去犯罪。七〇年代美國電視上一位諧星Flip Wilson的口頭禪：「The evil made me do it」（魔鬼叫去我做的），後來常常被犯錯的人當作犯錯的理由。

第四種反應則是：我的確做了，但是別人也做了。前面提到開車超速的那位老兄，就是使用這種辯證邏輯，前面的車超速你不抓，為什麼要抓我？在歐美先進文明國家都可以這樣做，我們當然也可以照樣做；大官可以貪污，小官當然也可以貪污。《阿Q正傳》裡的阿Q，看到靜修庵裡的小尼姑，突然伸手去摸她新剃的頭皮，還興高采烈的掐著她的面頰說：「和尚摸得，為什麼我摸不得？」

第五種反應是：我的確做了，你把我怎麼樣，反正我有財有勢，你奈我何？或者雙手一攤，遠走高飛。開車撞傷了人，趕快逃離現場，更有狠心腸的，倒車回來，把撞傷的人再輾一次，把人輾死，把小錯變成大錯，把可以補救的錯誤，變成不可以挽回的大錯。兩個錯加起來，是不會變成一個對的。

《左傳》說：「人孰無過？過而能改，善莫大焉？」（人怎麼會不犯錯，犯了錯能夠改過來，那就是最好不過了。）《論語》子貢曰：「君子之過也，如日月之食焉，過也，人皆見之，反也，人皆仰之。」（一個人犯了錯，就像日蝕和月蝕一樣，你的過失，是大家都看得到的，你能夠改過來是大家都景仰的。）

每一個人都難免犯錯誤，錯誤遲早是會被別人發現的，用平靜的心情接受錯誤，用誠實坦白的態度承認錯誤，用虛心去聆聽別人的批評，用勇氣去面對應該承當的責任和後果，用決心去改進。

第9堂課

冒牌教授與真司機

買衣服時，你怎樣在名牌和實用之間選擇呢？在外面吃飯時，怎樣在豪華盛筵和可以充飢的簡餐之間選擇呢？有人花不少會員費參加健身俱樂部，有人說在路上走走，在運動場上跑跑就可以了；有人買高級音響，有人說反正耳朵不好，普通的就可以了。

在報紙上看到一則報導，有好幾位台灣富豪都擁有私人飛機，但也有財力不相上下的富豪說，買頭等艙的機票比買私人飛機划得來。

有人問，買一架私人飛機要花多少錢呢？有一句老話：「假如你問價錢的話，你就買不起。」粗略估計，一架可以飛長途的噴射機，大概是從十億元起跳至二、三十億，甚至更多吧！

擁有自己的飛機，當然有許多好處。

第一個好處是方便，什麼時候開完會，什麼時候上飛機，飛機等人，人不等飛機；再偏僻的小機場，都可以直接飛達，免除轉機、換機的麻煩。

第二個好處是隱密，不但別人不輕易知道你的行程，不知道誰跟你同行，還可以穿著睡衣、拖鞋、短褲、背心在飛機裡跑來跑去。

第三個好處是能夠對人炫耀，也能夠給自己帶來一份滿足感、成就感；這就像是我們小時候，在鄰居之中或在班上第一個擁有腳踏車的心情放大一樣。

大家會有疑問，該不該花十億元去買一架私人噴射機，這是個無法在邏輯上、數據上找出答案的問題。

同樣是有財力去買私人飛機的富豪，有人覺得值得買，有人覺得不必買，因為方便、隱密、炫耀和滿足感，不可以也不必用金錢或任何數字來衡量。

其實我相信九九．九九%的人，對「要不要買私人噴射機」這個問題，不會有什麼興趣，因為想也不敢想。讓我們把格局降低一點，出去旅行時，可以坐頭等艙、商務艙或者經濟艙，你知道這其中價錢的分別嗎？

我做了個簡單的調查，從台北到香港，商務艙的價錢大約是經濟艙的一．五倍，頭等艙的價錢大約是經濟艙的兩倍。長途行程，例如從台北到美國或歐洲，商務艙的價錢大約是經濟艙的二到三倍，頭等艙的價錢大約是經濟艙的四到五倍。

價格的差異主要來自占用空間的多少，坐頭等艙可以躺下來睡大覺，坐經濟艙若能坐著把腳伸到前面座位下面，伸展一下就算舒服了。坐頭等艙，喝美酒、吃有模有樣的中、西餐(雖然味道不見得特別好)，上機不用排隊，下機優先出來。

你出國旅行坐的是頭等艙、商務艙還是經濟艙呢？

有人會說，這要看是公家出錢，還是自己出錢。我們先不把這兩種可能分開來談，不論是公家出錢或自己出錢，對很多人和他們的公司來說，坐商務艙有它的理由，好好的休息，到了目的地，才有精力去辦公或去玩，坐經濟艙也有它的理由，反正大家坐同一架飛機，生死與共，同時離開出發點，也同時到達目的地。到底要坐商務艙還是經濟艙？其實，也不是可以套公式來決定的。

我再把格局降低一點，許多人都有汽車，因為上班、下班、郊遊、購物，有自用汽車既方便又舒服，但也有人說平時坐公車，必要的時候坐計程車，比較划得來。有人買汽車都以雙B（Benz或BMW）為首選，因為馬力大、加速快，在路上走起來又平穩，多少還具有炫耀的功能；有人說，買一部陽春的小汽車，原始價格又低，耗油也比較少，保養也比較便宜，還是比較划得來。

從首富買飛機，到買汽車、坐公車，我們可以發現，對每一件事，每個人都有不同的價值觀。但有些事，我說它們是大事，是大是大非的事，我們必須小心謹慎建立正確的價值觀，別無選擇。

今天我要解釋的是小事，是生活中的細節，不同的人就會有不同的價值觀，怎樣做選擇，很難把理由說得清楚、把數據算明白，但我覺得我行我素、隨心所欲，不要把理由說清楚，不要把數據算明白，才是生活中有趣的地方。

大家有沒有想過，你去買衣服的時候，怎樣在名牌和實用之間選擇呢？在外面吃飯時，怎樣在豪華盛筵和可以充飢的簡餐之間選擇呢？有人花不少會員費參加健身俱樂部，有人說在路上走走，在運動場上跑跑就可以了；有人買高級音響，有人說反正耳朵不好，普通的就可以了。

我和內人一起出去消費時，有些她覺得很浪費的，我倒覺得很應該，有些她覺得太儉省的，我倒覺得足夠了，我要表達的是，很多事情不管你做怎樣的選擇，你都有能力應付，但是為什麼你會做某一個選擇呢？我建議可以找幾件小事，來看看自己的價值觀是如何下決定的？

很少人擁有私人飛機，但是擁有小汽車的人比比皆是，不過有一部有私人司機的黑頭車，在今日的台灣，還是一個身分地位或財富的表徵。我在美國住了很長一段時間，在美國，汽車更是不可或缺的交通工具，但即使企業的大老闆和政府的重要官員，有二十四小時待命的專責司機，相對來講，還是不多。我聽說，前英特爾（Intel）執行長安迪．葛洛夫（Andy Grave）出差時，不但只坐經濟艙，到了目的地也只是在機場租一部袖珍型的汽車，自己開到目的地。

能夠配到一部有私人司機的黑頭車，可說是擁有一部私人飛機的縮影，既舒適又方便，尤其是像台北和新竹之間，不算太遠也不算太近的路程，有司機開車，可以打瞌睡、打電話、看報紙、批公文，比起坐火車或公共汽車，可以省不少時間，至於炫耀和滿足感，總有那麼一點吧！司機先生更是個好助手，公事包太重，他會幫你拿，下雨了，他會替你撐傘，每天行程他都清清楚楚記住，要趕時間他會勇敢的超速，從別人的司機打聽到的內幕消息，也會向你打個小報告。不過，也不能排除司機先生會在無意中，把你的內幕消息跟別的司機做交換。

曾經聽過一個教授和司機的故事。有一位非常有名的教授，經常受邀到各地做學術演講，他僱了一位司機，一站一站陪他跑，每到一個地方，這位司機總會坐在第一排旁邊聽教授演講。

有一天，這位司機跟教授說：「我聽你的演講好多遍了，你每次講的都一樣，我已經把演講內容全背下來，我也可以跟你一樣站在台上演講，講得一樣好。」教授說：「好吧！下一站你穿上我的西裝上台演講，我穿上你的制服坐在第一排聽。」

果然，到了下一站，司機先生講得跟教授一模一樣，沒有絲毫錯漏，演講完了，有人舉手提出一個問題，司機先生聽了問題之後，想一想便說：「這個問題太簡單了，連我的司機都懂得怎麼樣回答，就讓他來回答吧！」

這個笑話，我曾經在不同的場合應用過，我上課時，常常在開學的第一天跟同學們講這個笑話，然後跟他們說：「你們要多問些問題，這樣才可以知道我到底是真正的教授？還是冒牌的司機？只不過是把講義記熟了，上來背給你們聽？」

我和內人在美國同一個學校的資訊系任教，而且常常有共同的研究計畫。有一次，我的內人主持的研究計畫要做公開報告，她讓我代表她上台報告，報告一開始，我就先講了前面這個笑話，然後解釋說大家都知道我的內人是這個計畫的主持人，細節她都知道得非常清楚，今天她坐在台下，等一下有任何問題都可以由她來回答。

當我報告完成後，果然有一個人舉手發問，我就很輕鬆的說：「這個問題太簡單了，連我的太太都會回答，我就讓她來回答吧！」當然引起哄堂大笑，大家認為我把這個笑話用得很適當。

但是沒想到，有一位從別校來的女教授，她遲到了，沒聽到開始時我講的笑話，只聽到我最後說：「這個問題太簡單了，連我的太太都可以回答。」非常生氣，認為我不尊重太太、不尊重女性，後來，我重新跟她講這個笑話，她也大笑起來了！

我在一九九八年從美國回到清華大學參加校長遴選時，在和全校師生見面做治校理念報告時，也講過這個笑話。

我說，在一個大學裡，教授們就是那位教授，大學校長不過是替那位教授開車的司機，校長聽到教授們的意見之後，可依照教授的意見，代表教授們對外講話，但是遇到問題、碰到意外困難，還得靠大家幫忙一起解決，這番話也引起了哄堂大笑。

第10堂課

是伯樂，還是千里馬？

「世有伯樂，然後有千里馬。千里馬常有，而伯樂不常有。」好主管要能夠作伯樂，賞識下屬的才能。不同的人，有不同的才能，要能賞識他的才能、善用他的才能，讓他有最大的發揮空間，才能爭取到最大效益。

不久前，遇到一位馬上要畢業的大學生，正在找工作，過幾天要到一家公司去面試，這是他生平第一次正式的面試，有點緊張，我就跟他講了個笑話：

有三個學生，到一家公司找工作，面試時，經理問他們：「假如你被錄取，進入我們公司，十年之後，你想你會在做什麼呢？」

第一個學生說：「我希望我會緊守我的崗位，十年如一日，十年後還是繼續努力為公司奉獻。」

第二個學生說：「您的位置，非常重要，您的工作非常有挑戰性，我希望十年後，能夠升遷到您的位置，為公司做更大的貢獻。」

第三個學生說：「我希望十年之後能夠當上公司的總經理。」

這位經理的決定是：第一個學生是踏實、努力的人，就把他派到工程研發的部門；第二個學生很會講話，會奉承別人而又不露痕跡，就把他派到和客戶來往的部門；第三個學生大言不慚，就把他派到廣告宣傳部。這三位學生都被錄取，也被派到最適合他們的位置上。

這個故事還有另外一個版本，這位經理的決定是：第一個學生沒有進取的大志，不可用；第二個學生還沒有進公司，就想篡我的位，不可用；第三個學生不自量力，不知天高地厚，不可用；三個學生都被拒絕了。

這兩個不同版本的故事說明了，當我們評估一個人，可以正面去看他，也可以負面去看他，每個人都有他的長處及缺點，當我們審視別人時，也應該努力看出他的優缺點。

歷史上有一個伯樂相馬的故事，伯樂接受楚王委託，去找千里馬，跑了好幾個國家後，他看到一匹拉著鹽車的老馬，很吃力的往斜坡上走，累得呼呼喘氣，每一步都十分困難，當伯樂走到這匹馬旁邊時，馬突然昂起頭、瞪大雙眼，大聲嘶鳴，伯樂從聲音中判斷出這是一匹難得的駿馬，立刻就把這一匹吃得多卻骨瘦如柴的馬買下來，回

報楚王，這就是後來為楚王馳騁沙場的千里馬。

韓愈一篇文章裡說：「世有伯樂，然後有千里馬。千里馬常有，而伯樂不常有。」的確，當你是一個主管，要能夠作伯樂，能夠賞識下屬的才能，才是一個好主管。

這個故事還告訴我們，不同的人，有不同的才能，我們要能夠賞識他的才能，更要善用他的才能，讓他有最大的發揮空間，才能爭取到最大效益。

大家都聽過孫臏「以下駟對上駟」的故事，齊國有一位將軍叫做田忌，他常常和別的將軍賽馬，規則是每人三匹馬分三場比賽，三打兩勝的人就是贏家。

田忌的三匹馬，整體來講，比不上對方的三匹馬，但是孫臏給他一個建議，讓田忌先用最差的一匹馬和對方最好的一匹馬來比，那就是下駟對上駟；田忌再用最好的一匹馬和對方中等的一匹馬來比，那就是用上駟對中駟；接著田忌用自己中間的一匹馬和對方最差的一匹馬來比，那就是用中駟對下駟。雖然田忌輸了第一場，但是他贏了兩場，所以他就贏了；這就是知才善用的好例子。

還有一個關於面試的故事：有位大老闆要請一個祕書，人事部經理為他安排三位候選人到他辦公室面試，大老闆問人事經理：「我要問她們什麼問題呢？」人事經理說：「你隨便問問就可以了。」面試時，大老闆問三位候選人：「二加二是多少？」

第一位候選人說：「二加二是四。」

第二位候選人說：「二加二是二十二。」

第三位候選人說：「你是老闆，你說多少就是多少。」

面試完了，人事經理問老闆：「你選哪一個呢？」大老闆說：「你都知道她們的答案，你給我做個解釋吧！」人事經理說：「第一位說二加二是四，她會是一位精細、準確的祕書；第二位說二加二是二十二，她會是一位有想像力、有好主意的祕書；第三位說你說多少就是多少，她會是一位忠心、服從的祕書；那你要選哪一位呢？」大老闆想了一下，他說：「我最喜歡藍色，我就選穿藍裙子那一位好了。」

這個故事告訴我們什麼呢？

首先，我們常常覺得自己有能力、有才華，卻不被上司、別人賞識重用，顯然我們主觀覺得自己有能力、有才華，但客觀來看，我們是不是的確有這份才華和能力呢？

其次，即使我們真有這份能力和才華，也許我們的上司並不覺得這份才華是重要的，就像前面那個故事，大老闆也許不瞭解這三位候選人是不是精細、聰明或忠心服從，即使他瞭解，他也許覺得這些特質對他並不重要。

最後，我們也必須接受——糊塗的大老闆的確還是不少。

最後，當這位大老闆不選精細、聰明或忠心的候選人，卻選了一個穿藍裙子的候選人，也許我們覺得這位候選人太幸運了，但也可能是這位小姐在面試前，做很充分的準備；也許她在報章雜誌上看到這位老闆家裡的布置，都是以藍色為主，知道大老闆特別喜歡藍色，所以穿了藍色裙子來面試。

我有很多機會遇到面試的人，有些人一點準備都沒有，也有些人對學校、公司的營運、結構、人事都有深刻充分瞭解。一個有充分準備的候選人，自然就會脫穎而出。

總而言之，才華能力要靠培養和訓練，充分的準備要靠努力。面試你的老闆可能是一位伯樂，也可能是一個糊塗蟲。假如他是一位伯樂，你得不到這份工作是公平的；假如他是一個糊塗蟲，你得不到這份工作，那就是你的好運了。

第11堂課

人生是不斷的選擇與交易

有位加拿大年輕人用一根不值錢的紅色迴紋針，換來了一幢房子。反過來說，什麼是最值錢的東西呢？用這個最值錢的東西，可以換來什麼呢？

之前新聞報導過一位加拿大年輕人麥當勞（Kyle MacDonald）的故事。這位麥當勞先生透過以物易物的方式，在一年之內，經過十四次的交易，把一支紅色迴紋針換成一幢兩層樓、差不多三十坪大的房子。

以物易物本來是古老的經濟行為，用一袋米來換一隻雞；用一把蔬菜換牙醫拔一顆牙的服務。在沒有貨幣制度或制度非常不穩定的社會裡，人們常互相交換貨物或服務。

在今天的社會裡，每件貨物，每項服務，都有一個價錢，錢變成這種經濟行為的中間媒介，把手上擁有的貨物或服務賣出去，得到錢，再用錢買回自己需要的貨物或服務。這是大家習以為常的經濟行為，否則如果一位牙醫不想吃蔬菜的話，一位牙疼的農夫該怎麼辦呢？

其實，今天以物易物的行為，不但沒有消失，反而變得很普通，兩個主要的原因是：第一、有許多東西，不管是貨物還是服務，是無法有一個公認的貨幣價值；第二、有了無遠弗屆的網路，全世界的人都可以在網路上交易，像eBay、Craigslist都提供很方便的服務。

加拿大的麥當勞先生二〇〇五年七月十二日在網路上公告，他有一個紅色的迴紋針，那就是我們在辦公室不知道用過多少個、丟掉多少個的迴紋針，他要透過以物易物方式，換成一幢房子。

大家都認為，迴紋針是小得不能再小的東西，可是它在十九世紀中期，就已經登記發明專利，麥當勞先生公告後的第三天，也就是七月十四日，他的迴紋針換成一支形狀像一條魚的筆，那是兩位女性在露營時撿來的。

十分鐘後，有人從西雅圖打電話來，要用手工陶瓷的門把，來換他的筆，西雅圖離溫哥華開車得走兩、三個小時，當時他聽說這個把手是一個陶瓷雕塑家的藝術品，後來才發現是一個十一歲小孩做的。

過了十一天，他跑到美國東部的Amherst Massachusetts，用陶瓷的門把換來露營用的爐子及爐子用的燃料。這個爐子的主人因為他的咖啡壺蓋把手壞了，他認為這個陶瓷的門把正好可以用來修理壺蓋，最後，他還請這位年輕人吃了一頓飯。

迴紋針、魚形筆、陶瓷門把手，都可能是垃圾桶裡撿回來的東西，不值一文錢，不過露營用的爐子，倒可以值一點錢了。

兩個月後，麥當勞先生到加州用露營用的爐子，換來一台一千瓦的手提發電機；又等了一個多月，有人在紐約需要使用一個霓虹燈做的啤酒招牌，那個人願意用一個啤酒桶和任何牌子的一桶啤酒交換這台手提發電機。

於是麥當勞先生便帶著發電機跑到紐約去，還差點出了事情。他住在旅館裡，消防隊說他的發電機是危險物品，要將它充公，他好說歹說才把消防隊擺平，用他的手提發電機把霓虹燈點起來完成了交易。

到了十二月一日，有個人本來要把雪地摩托車送給他的朋友，後來心想也許啤酒招牌加上啤酒桶會是更適當的禮物，所以就把雪地摩托車換給麥當勞先生。

這個時候麥當勞先生已經有點名氣，當他在電視上接受訪問，講起他跑來跑去，走遍北美做交易的時候，他漏了嘴。他說：「我什麼地方都去，只有Yahk這個地方我不會去。」其實，他也不是有什麼惡意，只不過Yahk是在加拿大西邊名不見經傳的小城，而且名字唸起來，聲音怪怪的而已。

沒想到第二天，他就收到一個交換的建議，用兩個人去Yahk這個地方滑雪渡假的條件，來換他的雪地摩托車。他趕快寫了一封信向Yahk的居民

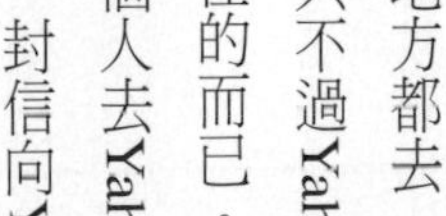

道歉，然後接受了這個交換條件，接著他把這個滑雪假期換成一台車齡十年、走了三十二萬公里，但是保養很好的小貨車；又把這台小貨車換成和一個樂隊一起錄音的合約。

對一個想出張唱片、在音樂界打天下的人來說，這個合約條件倒是蠻不錯的，三十個小時的錄音、三十個小時錄音後製作時間、去多倫多來回交通費用、在多倫多的住宿費用等。

果然有一個女孩子要用一年免租金，住在美國鳳凰城一個小房子的條件，來交換這個錄音合約，這個房子二十多坪大，有一個臥房、一個廁所。這許多東西，露營的爐子、手提發電機、啤酒桶、雪地摩托車、去Yahk的假期、小貨車、免租金住一年房子，都可以用金錢來衡量其價值。

可是下一個交易，卻是很難用金錢來衡量，就是和一個很有名的搖滾樂歌星Alice Cooper，共度一個下午，不論是打高爾夫球、唱歌還是吃飯都可以。這個交易怎麼來的呢？原來，Alice Cooper在鳳凰城開了一家餐館，他餐館裡一位員工看到這個免付租金住一年的機會時，就問他的老闆Alice Cooper可以不可以幫他一個忙，用半天的時間換取免付租金住一年房子的機會。

不過，麥當勞先生的下一個交易才真是驚人之舉。

他用跟Alice Cooper相處一個下午的機會換來了一個雪球（snow globe）的玩具。它是一個透明的球，搖動時，球裡就有像雪花一樣的碎片在飛舞，對一般人來講這不是什麼了不起的玩具，可是這雪球是個名牌。

交易到這個玩具時，已經是二〇〇六年的五月了。這時，有一位好萊塢的電影製片人喜歡蒐集雪球，他甚至算是全世界最大的一位收藏家，他以將要製作的電影裡的一個角色，來換取這個雪球。在交換條件中，這個在電影中出現的角色是有薪水、有台詞、名字會在片頭出現，且拍電影期間的交通、食宿也全部包括在內。

到了二〇〇六年七月五日，麥當勞先生完成他的任務了，他這次是和加拿大中西部Saskatchewan省Kipling小鎮做交易，即用拍電影的合約換了一間在Kipling的二層樓房子。這是一幢在一九二〇年興建，曾經整修過的房子，共有三個臥房加上廚房和客廳，面積約三十多坪。

Kipling市長還授予他小鎮的鑰匙，小鎮人口原來是一千一百四十人，現在加上麥當勞先生和他的女朋友就變成一千一百四十二人了。Kipling這個鎮用這份電影合約，舉辦一個爭取電影演出機會的甄選會，歡迎任何人、從任何地方來到小鎮參加面試競賽，原來換得雪球的電影製片人會親自前來主持甄選，並且還可能多增加一、兩個角色。

哇！很有趣吧？麥當勞先生用一個不值錢的紅色迴紋針，換來了一幢房子，反過來說，什麼是最值錢的東西呢？用這個最值錢的東西，可以換來什麼呢？

在西方文學裡有個很有名的關於交換的故事《浮士德》（Faust）。故事中，浮士德是讀了一輩子書、卻一事無成的老教授，為了喚回青春，追求快樂，獲得知識和權力，他用自己的靈魂和魔鬼做交易。

這故事有幾個不同的版本，其中最重要、也最偉大的版本是歌德的詩劇，詩劇是用詩的形式來對話的劇本，歌德前後花了六十二年完成兩部著作，根據歌德著作寫成的音樂作品，包括有名的Charles Gounod的法文歌劇《浮士德》、李斯特的《浮士德》交響曲、馬勒的第八號交響曲的後半段和華格納的《浮士德》序曲。

《浮士德》和魔鬼的交易，是魔鬼認為每個人在生命裡，總會達到心滿意足，流連不想再進取的心境。《浮士德》說，假如有一天他到達這個地步，他願意把他的靈魂輸給魔鬼，按照一個英文翻譯的版本，魔鬼跟浮士德說：

There are times in life, my friends,
When we enjoy mere quiet satifaction.

我的朋友，在生命裡，有些時刻我們只想要享受安靜的滿足。

浮士德回答魔鬼說：

If ever to the moment I shall say:
Beautiful moment do not pass away.
Then you may forge your chains to blind me,
I shall be a slave of yours or whomever it may be.

假如有一個時刻，我會說不要再讓美好的時刻消逝，

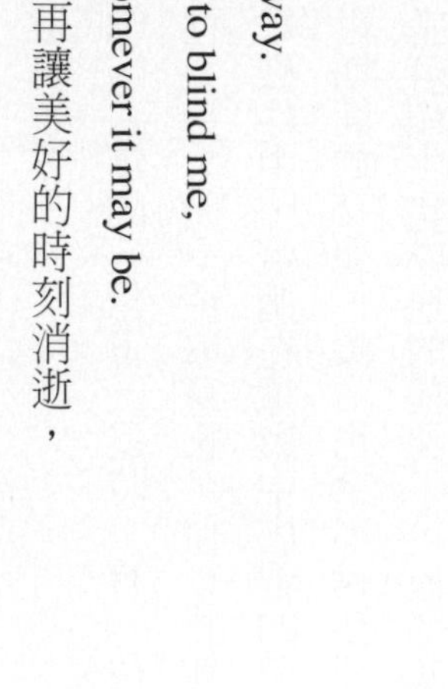

那你可以用鎖鏈把我鎖起來，我將會是你或者任何人的奴隸。

浮士德和魔鬼的賭博是耐人尋味、值得深思體會的，浮士德以為有了青春、知識和權力，他會無休止的、不停的追求快樂，魔鬼卻相信總有一天他會覺得已經足夠，不必再衝了。浮士德和魔鬼交換的代價很高，因為他只有一個靈魂，他願意讓自己的靈魂萬劫不復嗎？

在我們的生命裡，許多時候，我們會像麥當勞先生一樣，拿著一個紅色的迴紋針，想要經過一次又一次的交易，換得更大、更好的戰利品，也許有些時候，我們會像浮士德先生一樣，決定跟魔鬼來場豪賭。

麥當勞先生換到一幢房子，是暫時的休止，還是永久的滿足？浮士德先生卻在疲倦走了大半生的路之後，願意相信只要給他機會，他會不斷的賭下去，不會停下來，甚至以他的靈魂作為賭注。

今天我們談交易，談價值觀，談追求，談休止。我們願意跟什麼人做交易，我們願意付出什麼代價？有什麼事情，我們不肯也不會停下來？有什麼事情，我們會停下來，接受我們覺得可接受的滿足。人生的路途上，選擇和交易，有時容易，有時困難；有時簡單，有時複雜。蘇東坡說：寫文章要像行雲流水，「行於所當行，止於不可不止。」寫文章如此，做人做事，又何嘗不是如此？

第12堂課

只要我願意，就是合理代價

什麼是合理的價錢呢？花五十元買一個便當，花二萬元買一張去美國的來回飛機票，用一枚迴紋針換一支撿來的筆，聽起來都是合理的。站在經濟學觀點，在共同生活的社會裡，一個由大家共同決定、接受的價錢，就是合理的價錢。

之前提過了兩個故事，一個故事是關於加拿大的一位年輕人麥當勞用一枚迴紋針換來了一幢房子，另外一個故事是關於浮士德用他的靈魂跟魔鬼換取青春、快樂、知識和權力。

這兩個故事點出了幾個值得思考的問題：

第一、當我們做交易時，都希望、甚至堅持付出的價錢是合理的，但什麼是合理的價錢呢？

第二、當我們做交易時，要努力爭取的是最低價錢，但最低價錢真的是最好的價錢嗎？

第三、當我們做交易時，小心防止付出太高的價錢，但我們該怎樣去防止呢？

到底什麼才是合理的價錢呢？花五十元買一個便當，花兩萬元買一張到美國的來回機票，用一枚迴紋針換一支撿來的筆，聽起來都是合理的。站在經濟學的觀點來看，在一個共同生活的社會裡，一個由大家共同決定、共同接受的價錢，就是合理的價錢。

一個五十元便當，賣的人有足夠的收入去買米、蔬菜、肉，付水電費、付員工的工資；買的人吃得飽，吃得津津有味，買了便當之後口袋裡還有剩下的錢去看電影。而且不同的便當店，價錢都在五十元左右，多年以來，記憶中也是幾十塊錢就可以買一個便當，所以五十元可以說是共同接受的合理價錢。

話雖如此，在這個簡單的大前提之下，現代龐大的經濟系統裡，因為複雜的供應和需求關係，其實「合理」這兩個字是難以客觀量化的，所以我寧願接受一個主觀的定義：你願意付的價錢，就是合理的價錢。

當你在百貨公司看見喜歡的東西時，會不會猶豫這個價錢是否划得來？當你接到一個繁重的工作任務時，會不會猶豫你要付出的時間和力量是值得的？當一份感情出現在你身邊時，你會不會害怕它太沈重？有一首歌歌名是《花心》，歌詞是「春去春會來，花謝花會再開，只要你願

意，只要你願意，讓夢滑進你的心海。」當我們心平氣和，心安理得，心甘情願的付出一個代價的時候，那就是一個合理的代價。

然而，我們真的在什麼事情、什麼工作上，都要追求最低的價格嗎？也許在數學上，我們可以算出一個價錢的最低點，可是這個最低點是真的可以平白得來的嗎？

當你開車走遠路，去大減價超市買最便宜牙膏的時候，你有沒有把汽車用的汽油和開車的時間算在裡面？當你用最短的時間完成一份報告，報告裡會不會有很多的錯誤或疏漏？古語說：「一分耕耘一分收穫。」西諺也說：「天下沒有白吃的午餐。」當你付出最低代價時，你可能得到的是最低回收。

我們不能做什麼事，都要以最低標為目的，努力是沒有最低標的，愛心是沒有最低標的，儉省和吝嗇、慷慨和浪費、合理的節約和不合理的苛求，都只有一線之隔。

當然，我們也不願意在一個交易買賣中付出過高的價錢。我記得我讀中學時，念過一篇富蘭克林（Benjamin Franklin）寫的文章，富蘭克林是美國開國元老之一，他是政治家、科學家和文學家，這篇文章的題目是《哨子》（The Whistle）。

他說七歲時，有一天他帶著一口袋滿滿的錢到玩具店去，當他看見一個小孩在吹哨子，他很喜歡那個哨子，就把所有的錢拿出來和他交換，他拿了哨子回到家裡，吹著哨子到處亂跑，把兄弟姊妹吵得煩死了，當他們知道他用身上所有的錢換來這個哨子後，就笑他很傻，付出四倍的錢買哨子。這個哨子帶給他得懊惱變得遠多於快樂，他說自此以後，每當想要買一件東西、做一件事，他都會問：「我是不是付出太多的代價來換取這個哨子？」

有些人為了事業和工作，過分勞累，影響健康，忽略家庭，他們是花了太多錢去買一個哨子；有些人為了權力，忘記了誠信，失去了宗旨和目標，踐踏了別人，犧牲了友誼，他們是花了太多錢去買一個哨子；有些人為了財富，欺騙背信、違法亂紀、見利忘義，他們是花了太多錢去買一個哨子；有些人為了追求虛榮和浮名，只會講、不會腳踏實地去做，忘記努力，忘記謙卑，忘記了合作互助的精神，這些人是花了太多的錢去買了一個哨子；有些人為了追求舒適繁華的生活，忘記心智的鍛鍊和成長，忘記健康的保養，忘記道德和品格，他們是花了太多錢去買了一個哨子。

當我們第一次看到別人吹哨子、或聽到哨子的聲音時，我們也會很想要買一個哨子，但是千萬不要付出過高價錢來換取這枚哨子。

在我寫到浮士德用靈魂來交換青春、快樂、知識和權力的時候，我的意思是指他付出了一個人可以付出的最大代價，不過靈魂到底是一個象徵而已，不是一個實體。在現實的世界裡，一個人可以付出最大的代價就是生命，生命是具體的，也是寶貴的，如果喪失了生命，就無法喚回、無法彌補，但是為了理念、為了信仰，許多人還是願意付出生命作為代價。我相信大家都念過匈牙利詩人裴多菲（Sandor Petofi）的名詩，它的英文版本是：

Liberty and love
These two I must have.
For my love I'll sacrifice
My life.
For liberty I'll sacrifice
My love.

直接翻成中文是：

自由和愛情
兩者我都要擁有
為了愛情，我願意捨棄生命
為了自由，我願意捨棄愛情

這首詩有一個很好、也流傳很廣的中文翻譯，它是由一位詩人白莽所寫：

生命誠可貴，
愛情價更高；
若為自由故，
兩者皆可拋。

裴多菲在西元一八四九年匈牙利、俄國和奧地利聯軍的戰爭中戰死，當時只有二十六歲，白莽因為參加青年運動，一九三一年在上海龍華被槍斃，當時他只有二十二歲。

大家也都聽過「Give me Liberty or Give me Death不自由吾寧死」這句話，通常大家都說這句話源自美國開國元勳派崔克．亨力（Patrick Henry），雖然也有歷史家考證，說這句話不是他講的，是為他寫傳記的人後來杜撰的。

春秋戰國時期，燕國的太子丹，安排荊軻去行刺秦皇，為了取信於秦皇，荊軻還帶了樊於期的頭到秦宮去，樊於期得罪了秦皇，所以秦皇懸賞千金要他的腦袋，樊於期為了成全荊軻的計畫，自刎而死。當荊軻出發時，燕太子丹和賓客都穿了白衣服在易水邊相送，荊軻高歌：「風蕭蕭兮，易水寒，壯士一去兮，不復還。」但荊軻刺秦皇沒有成功，犧牲了他的性命。

屈原是春秋時期楚懷王的大臣，因為別人的妒嫉和反對，楚懷王將他放逐，不過他仍然非常關心國事，在汨羅江畔孤單的行走時，屈原跟一位漁夫講出他的心聲：「舉世混濁，而我獨清，眾人皆醉，而我獨醒。」那就是整個世界都是混濁，只有我是清白的，所有人都醉了，只有我是清醒的，所以我被放逐了。

他接著說，我寧願跳入江水，讓魚吃掉我的身體，也不願意讓自己的清白受到世俗的汙染。他就抱著石頭，投入汨羅江自盡了。江上的漁夫都來打撈屈原的身體，老百姓還做了飯糰丟到江裡，認為若是讓魚吃飽了，就不會再去咬屈原的身體。這就是我們在端午節賽龍舟、包粽子的典故。

文天祥是南宋的名臣，元兵入侵的時候，他一直被追到廣東南海，被元兵俘虜，當他被押在船上，經過珠江口的零丁洋時，寫了一首詩，其中有四句是：

惶恐灘頭說惶恐，
零丁洋裡嘆零丁。
人生自古誰無死，
留取丹青照汗青。

後來他被囚禁在監牢裡，引用了孟子說的：「吾善養吾浩然之氣。」寫了大家都知道的《正氣歌》，浩然之氣就是天地中盛大而不可抵擋的正氣，也就是一個人清高忠貞的一股力量。

雖然元世祖給他高官顯位，但文天祥始終不肯屈服投降，元世祖就下令把他斬首，死後在他的衣服裡發現一首詩：「孔曰成仁，孟云取義，唯其義盡，所以仁至。讀聖賢書，所為何事？而今而後，庶幾無愧。」

清朝戊戌政變失敗，六君子中的譚嗣同在被斬首時的遺言是：「有心殺賊，無力回天，死得其所，快哉快哉。」

民國革命期間，汪精衛被捕，在監獄中寫過一首詩，其中有四句：「慷慨歌燕市，從容作楚囚，引刀成一快，莫負少年頭。」燕市是指我們前面提及燕太子丹安排荊軻刺秦皇的故事，楚囚是指春秋時代一個叫做鍾儀的楚國人，他雖是晉國的囚犯，卻仍不忘記自己的國家。「引刀成一快，莫負少年頭」也道出視死如歸的心懷，可惜的是，汪精衛後來在抗日戰爭中做了日本統治者的傀儡。

司馬遷說過：「人固有一死，或重於泰山，或輕於鴻毛。」當我們用最寶貴的生命來做交易本錢時，我們要清楚的知道，我們要換取的是什麼？

第13堂課

生老病死的思考

美國大文豪馬克吐溫有一句話：「為什麼我們在出生的慶祝中感覺到快樂，而在葬禮裡感到悲傷？」答案是：「因為我們不是當事人。」

美國的人口在二〇〇六年十月就已破了三億。按照美國人口調查局的估計，美國每八秒有一個嬰兒出生，每十二秒有一個人過世，生死相抵之後，每二十四秒人口的總數就會增加一個人，同時美國平均每三十一秒，有一個新的移民抵達美國，連同國內在生死相抵之後每二十四秒鐘增加一個人，那麼平均每十三．五秒鐘人口的總數會增加一個。這是簡單的算術，你不難瞭解是怎樣算出來的。

下面就更容易了，每十三．五秒鐘增加一個人，平均每年增加二百二十三萬人，所以大概四十年美國人口會增加一億。的確，美國在一九六七年，人口到達了兩億。

一九六七年，當美國人口總數要破兩億大關時，《LIFE MAGAZINE》生活雜誌花了一番工夫派了二十三個攝影記者，想在全美國找出打破兩億大關的那個嬰兒，當然這不過是個大略的估計，不可能很精準確定哪一個剛出生的嬰兒是第兩億零一個那個人。他們按照若干統計學裡的規則，最後選定在一九六七年十一月十日出生的一個男嬰，他的名字叫做Robert Ken Woo，Junior吳肯。他的父母在他出生的七年前，從中國移民至美國。這位吳先生四十二歲，哈佛大學畢業，是一位律師，已經結婚，有三個女兒。

在二〇〇六年初，美國從事人口統計的專家已經在估算，第三億零一個美國人是怎麼樣的一個人？是本地出生的呢？還是移民？是白人、黑人、西班牙人，還是亞洲人的後裔？是男孩子還是女孩子？甚至他有接受多少年的教育？會在什麼時候結婚？大概會有幾個小孩？

也許有人會說，第三億零一那個人，是沒有辦法很清楚確定的，別的問題當然更沒辦法去回答。這倒不盡然，站在統計的立場，這個估計是按照整個社會人口的分布計算出來的，它反映了人口分布的資料和數據。譬如說，如果本地出生的嬰兒數字，大於移民入境的人口數字，那麼第三億零一個人是本地出生的嬰兒可能性就比較高。從美國國內人口種族的分布，從其中每一個種族嬰兒出生率的分布，也可以估計這個嬰

兒最可能是什麼種族的後裔。至於嬰兒的性別，大約是每一百個女嬰就有一百零五個男嬰，所以第三億零一個嬰兒是男性的可能性也稍微高一點。這也說明了統計學的用途和意義。

這邊還有一些有趣的數據，全世界的人口大概是六十七億，人口最多的幾個國家是中國十三億、印度十億、歐盟四億半、美國三億，台灣的人口是二千三百萬，比台灣多的例如南韓四千八百萬人、加拿大有三千三百萬人；比台灣少的有澳洲兩千萬人、瑞典九百三十萬人、丹麥五百五十萬人、挪威四百八十萬人。一個人口眾多的國家，生產力大，消費力也大，但是需要的資源也多，用中國或者印度作為例子，有一個說法是什麼數字乘上十三億，都變成非常大的數字，什麼數字被十三億除都變成一個非常小的數字。

所以，如果每個人每天吃一包泡麵，十三億人每天就吃掉很多、很多包泡麵了；反過來說，如果有一個固定的醫藥或者教育的預算，分給十三億人，平均下來每個人得到的數字就很少。在許多經濟、教育、社會各方面都發展得相當好的國家，像澳洲、瑞典、丹麥，他們人口的總數都比台灣少，這也顯示出我們二千三百萬的人口，是有足夠的人力資源，朝文明進步的方向發展的。

另外一個數據是人口的出生率，這可以用一個女性平均的子女數字來表示。這個數目在美國是二．〇八，也就是平均每一個在美國的女性有二．〇八個子女；這個數字在中國大陸是一．七二，在台灣是一．五七，在日本是一．三九，在香港、澳門、新加坡的出生率都是全世界最低的，只有〇．九三。換句話說，在這幾個地方，一個女性平均的子女數字還不到一。大致來說，每一個女性平均子女數字若大於二，這個國家的人口是會再增長，例如美國的總人口是在增長的。如果，每個女性平均子女數字小於二，這個國家的人口就是在萎縮，而日本總人口數字的確有萎縮的趨勢。

我另外還要提出平均壽命的數據，香港、澳門、新加坡是全世界最高的，平均是八十二歲，日本是八十一歲多一點，美國和台灣都是七十七歲，全世界最低的竟然會低到三十三歲，一個國家人口的平均壽命，當然反映了經濟、醫療、公共衛生和安全等條件。

生老病死是人生中必然走過的路程，剛剛我用一連串的數字來描寫生老病死，我相信大家都會同意，數字的描述是片面的，不過是個框架，但是，數字和它們的計算，會提供非常多的資料和有道理的內涵和解釋，數字不可以盡信，但是數字是可靠和有用的。

除了數字之外，生老病死也可以用純粹的生物和醫學觀點來看，生就是精子和卵子的結合，醫學的進步，讓嬰兒的死亡率大大降低，也提供了有效幫助生育和節制生育的藥品和醫療過程；老就是細胞功能的變化和衰退；病就是器官功能出現異狀，醫學有藥品、有療程來控制改進老和病的過程，這包括用藥物治療各種疾病，甚至把一、

兩個世紀以前被視為非常危險的疾病，像天花、肺結核完全在地球上消滅，也包括防疫的疫苗，補助健康的維他命和鈣片，甚至是器官的移植，換心臟、肝和膝蓋，或器官功能的取代，例如：心律調整器、洗腎機以及老花眼鏡、助聽器等，都可以彌補器官功能的衰退和矯正器官功能的異狀。

老和病這個過程不可避免，但是醫學在這當中有很大的助力。至於死，那就是器官功能的衰竭，走到盡頭，生物和醫學都沒有辦法再產生助力了。

生老病死也有非常廣的法律和道德層面。首先，藥品和醫療過程的控管，有嚴格複雜、也有高度爭議性的法律及道德問題；墮胎、自殺、替病人安排安樂死，都有非常複雜的法律層面。有些國家，公民權的取得以父母的公民權為準，有些國家以出生地為依據，所以有許多人為了取得美國的公民權會跑到美國生產，但是按照美國的憲法，美國公民出生在美國境外的兒女，或者在外國出生移民到美國歸化成為美國人，雖然他們都是美國公民，但是不能選總統。

美國多年前的國務卿季辛吉（Henry Kissinger）是在德國出生，美國加州的州長阿諾史瓦辛格（Arnold Schwarzenegger）是在奧地利出生，以前和現在都有人動過修改憲法的念頭，讓他們可以參與總統的選舉。有些國家，很多的行業沒有退休的年齡，因為退休年齡的設定也會被當作是對老年人的歧視，所以受到法律的禁止。

當然，生老病死也要從社會學和經濟學的觀點來看；古時候有傳宗接代的觀念，以及在農業社會中人力就等於生產力，所以多子多孫就是福氣；現代的社會，父母親都要工作，或者父母親都希望有較多屬於自己的時間和自由，再加上養育子女的經濟壓力，以及婚姻制度的改變，都會影響到嬰兒的出生率。

例如：在中國大陸，因為若干年來的一胎制度，所以就有了四個祖父母、兩個父母親，共六個大人一起來照顧寵愛第三代唯一的小王子和小公主的現象。也有男多於女，因而引起婚姻配對的問題。在西方有所謂「頂客族」DINK，就是Double Income No Kids，反映了許多人選擇夫妻同時工作，有兩份收入，卻沒有照顧小孩的花費和負擔。社會的醫療制度，是非常重要的社會福利，但是所引起整個社會的經濟負擔往往非常龐大，在許多地方，例如加拿大、台灣，健保醫療制度都面臨著很大的壓力。

當一個社會的平均年齡逐漸增加，社會的老化，會引起許多很大的衝擊，退休的人越來越多，他們必須經由社會福利制度，靠著在工作的人來照顧。美國的社會福利制度，就一直有面臨破產的說法；但是，站在商業的立場，配合退休人士的衣食住行以及娛樂、旅行休閒活動，也提供了很多不同的商機。

最後，也是最深奧的一個問題，是如何從哲學和宗教的觀點來看生老病死。佛家有生老病死苦的說法，認為生命中不可避免的生老病死都是苦難的過程，不同的宗教有輪迴，也有死後上天堂、下地獄的說法。我記得馬克吐溫（Mark Twain）有一句話，也說出了他的哲理，他說：「為什麼我們在出生的慶祝中感覺到快樂，而在葬禮裡感到悲傷？」答案是：「因為我們不是當事人。」不過，馬克吐溫把出生看成苦難，把死亡看成解脫，也未免太過悲觀。

生老病死這些大問題，實在不太可能在短短的篇幅中做討論。在這裡，我只想先提出若干個大家可以去深入探討的問題，希望大家用這些作為出發點來進一步思考。

第3講／你我他的相處之道

第14堂課 你是有教育、又有教養的人嗎？

一個有教養的人，會替別人的成功高興；一個有教育的人，以別人的成功作為自己追求成功的榜樣。一個有教養的人會說：「文章本天成，妙手偶得之」；一個有教育的人會說：「我站在知識巨人的肩膀上，所以我能夠看得更遠」。

二○○四年總統選舉時，在一場候選人的辯論會上，黃崑巖教授向兩位候選人請教：「什麼是教養？」後來黃崑巖教授也寫了一本書，書名是《談教養》。什麼是教養呢？在書的開始，黃教授說，教養沒有清晰的輪廓與外貌，更不容易用三言兩語來描述，但是他引用了一位十九世紀的英國名詩人Christina Rosetti 的詩，用「風」來譬喻教養：

Who has seen the wind?

Neither I nor you：
But when the leaves hang trembling,
The wind is passing through!

這首詩可以直接翻譯成：

你跟我都沒有見過風，
但是當葉兒在樹上哆嗦的時候，
風正和我們擦身而過。

其實在《論語》《顏淵》篇裡，有一個幾乎一樣的描述：

君子之德風，
小人之德草；
草上之風必偃。

那就是說君子的風範、氣度和品格，雖然看不見、摸不著，但是有很大的影響力。

談到「教養」二字，許多人會問：「教養是不是等於教育？一個有教養的人，是不是等於一個有良好教育的人？」在我的心目中，如果用廣泛的定義來看，教養和教育的確是一和二及二和一，是一體的兩面，沒有辦法、也沒有必要劃分清楚，要培養有教養、也有良好教育的下一代，就像要吃水果、也要吃蔬菜一樣。

教育並不是狹義的指大學畢業的文憑或是鍍過金的博士學位，學位是一個人曾經受過教育的證據，讓其有機會成為一個有良好教育的人。許多有學位的人，都可說是有良好教育的人，但是也有一些只有學位，卻表現出好似沒有教育的人，更重要的是有許多並沒有唸過大學，也沒有學位，卻能表現出像一個有良好的教育的人。用英文來表達，一個有教育的人是一個educated person，他的教育經驗，可以來自學校、社會、家庭及自己的進修。

教養其實並不是狹義的指良好的家世和家庭環境。用英文來表達，教養並不是狹義的指good upbringing（通常是指生長在一個富裕舒適優良的家庭環境裡）。良好的家庭環境對一個人的教養是有很大的影響，有許多出身很好的人也都是很有教養的人，但是，也有許多生長在貧困、匱乏環境裡的人，靠自己的琢磨成為有教養、甚至非常有教養的人。

到底什麼是教養？什麼是教育？教養和教育又有什麼不同呢？當教養這一陣風吹過，或是當教育這一陣風吹過的時候，它們留下來的痕跡是什麼樣子呢？我稍微刻意地把教養和教育分開來，把它們不同的痕跡描述出來。

一個有教養的人，是一個誠實的人，他不會為自己的私利，矇蔽欺騙別人，也不會用謊言掩飾自己的錯誤；一個有教育的人，是一個崇尚真理的人，他的教育經驗告訴他，必須追求真理、維護真理，真理不能夠被扭曲、不能夠被蔑視。

一個有教養的人，是一個有公德心的人，他不會為自己的方便，影響到大家共同的利益；一個有教育的人，是一個守法的人，他知道法律是大家共同生活的規範，每個人都必須按照這個規範來過共同的生活。

一個有教養的人，是一個有幽默感的人，他能以輕鬆舒適、泰然的心情面對紛爭和對立；一個有教育的人，是一個有正義感的人，他能夠用理智來化解紛爭和對立。

一個有教養的人，會小心、耐心、聆聽別人講的話；一個有教育的人，能夠很清晰闡述他的理念，說服別人。

一個有教養的人，是聽了別人的笑話會開心微笑的人；一個有教育的人，是會說笑話的人。

一個有教養的人，懂得怎樣婉轉地表示他的意見；一個有教育的人，能夠勇敢、率直的表達他的意見。

一個有教養的人，懂得怎樣適應周圍的環境，從衣著到談吐，都知道怎麼樣得體地表達他自己；一個有教育的人，能夠了解他周圍的環境，從而改造他周圍的環境。

一個有教養的人，會替別人的成功高興；一個有教育的人，以別人的成功作為自己追求成功的榜樣。

一個有教養的人會說：「文章本天成，妙手偶得之」；一個有教育的人會說：「我站在知識巨人的肩膀上，所以我能夠看得更遠」。

和一個有教養的人對談，好像讀一首小詩；和一個有教育的

人對談，好像讀一篇遊記。

我們在前面談到什麼是教養？什麼是教育？其實，這是兩個重疊的觀念，教養和教育是分不開也不必分開的，我們前面也講過，我們要培養有教養、也有教育的下一代，那麼你可能會問：「我們怎麼樣培養有教養、又有有教育的下一代呢？」我覺得，唯一的辦法，也是最有效的辦法，就是培養他們讀書的興趣。

書不怕讀得雜，但書要讀得多。書讀得多學問自然會增長，氣質也會潛移默化，古人說：「讀書破萬卷，下筆如有神」，那就是有了學問；又說：「三日不讀書，言語無味，面目可憎」，那就是氣質的變化了。

那麼，到底我們要讀什麼書呢？

英國哲學家培根曾經說過：

Study of Poets makes a man witty.

讀詩詞讓一個人變得風趣。

Study of Philosophy makes a man deep.

學哲學增加一個人的深度。

Study of logic and rhetoric makes a man able to contend.

學邏輯和修辭讓一個人變得能言善道，辯才無礙。

Study of Mathematics makes a man precise.

學數學讓一個人變得縝密和精準。

Study of Morality makes a man grave.

鑽研道德讓一個人變得嚴肅。

Study of History makes a man wise.

讀歷史增加一個人的智慧。

不論是詩詞也好，哲學也好，數學也好，歷史也好，在教育的層次，那是學問的累積；在教養的層次，那是整體影響我們的思想和決定、做人和做事的方法、工作和休閒的每一個面向，不是限於數學的一個公式或者歷史一件大事發生的年份而已。

有一個笑話說：「有一位小學生為了準備歷史考試，埋頭苦讀，非常辛苦，他跟媽媽說：『如果我早生幾百年，那我就可以少讀幾本歷史書，就不會像現在讀得那麼辛苦了。』媽媽說：『但是那樣，你也少了幾百年的智慧了。』」

第15堂課

別期待下一代比我們「更好」

我們不能夠單純期待，下一代比我們這一代更好；何況「更好」這兩個字，也是我們沒有辦法為下一代下定義的。

人和人之間的關係，除了親子關係外，夫妻關係、師生關係、老闆和伙計的關係、朋友之間的關係，都有許多值得探討和瞭解的地方。

不過，親子關係有幾個特別的層面，第一、除了在很特殊的情形下，這是不會正式中斷的關係，在這個永遠存在的關係中，雙方怎樣相處，是特別重要的課題；第二、起碼在開始的時候，是一廂情願，不是雙方經過摸索思考才同意建立的關係；第三、這個關係從開始，雙方就被所謂「代溝」（generation gap）所區隔，這個代溝一直存在，不可能完全消除，而且是必須瞭解和面對的。

當我們觀察，營造親子關係的建立和發展時，瞭解體會到這三個先天的因素，可以幫助我們去思考，處理自己切身的親子關係。

所謂世代（generations）的分布，一個世代大約是二十到二十五年，我們可以把不同的世代分為：壯、中、青、少、幼五個世代，我相信諸位能夠瞭解，我們已經不承認有「老」這一個年齡層的存在了。每個世代有它的政治、社會、經濟、文化、科學的背景和特色，因此，影響到這個世代的特性和行為。美國社會學家還按照美國的社會情形，以每個世代的特色，為每個世代取一個名字。

六十五歲以上的人，被列入「壯年」。這個年齡層的人，很多已經退休了。其中在大陸、台灣這個年齡層的人，大都經歷過二次大戰的動亂及極度貧乏的物質生活，吃過很多苦。在美國這個世代叫做「沈默的世代」（Silent Generation）。不管在中國或美國，因為二次大戰的衝擊，這個世代的人會比較小心、缺乏冒險性和想像力，也比較沈默。

四十五至六十五歲的人，被列入「中年」。這個年齡層的人，親身看到、參與台灣經濟的發展，從相當窮困的生活，逐步走向繁榮，也看到社會的國際化和政治的民主化。在美國，這個世代叫做「嬰兒潮世代」（Baby Boom Generation）。

因為在二次大戰後，生活變得安定、繁榮，所以，產生了

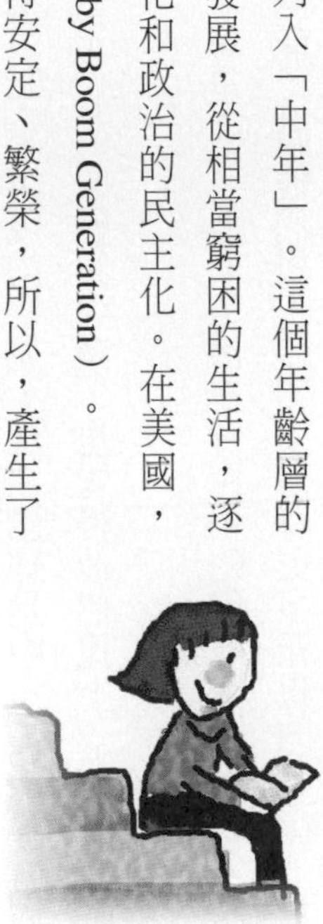

一股嬰兒出生的浪潮。在二次大戰後二十年出現的嬰兒，現在已經是中年人了，他們有進取成功的經驗，他們得到父母親小心的照顧與呵護，也覺得他們比上一代有更好的機會，且更能幹，也更成功。

二十五到四十五歲的人被列為「青年」。他們生活在多元化的環境裡，工業、商業、文化、藝術、旅遊、移民等的發展，讓他們對工作和生活有更多元化的看法，也因此沒有明確、清楚的定位，對上一代的反抗和叛逆也逐漸呈現出來。在美國這個年齡層叫做「X世代」（Generation X）。這個名稱並沒有特別的含意，只是有人開始這樣用，沿襲下來而已。

三到二十五歲的人被列為「少年」。這個年齡層在美國叫作「千禧年的一代」（Millennial Generation），因為這個年齡層包括在二十一世紀出生的嬰兒。這些正在成長的少年，可塑性很高，他們主要是接受者，而不是奉獻者；他們好奇、冒險，也有不小的消費能力，他們熟悉高科技，包括電腦、網路、電視、手機以及由高科技帶來的音樂、遊戲、交友的方式等，都是這些少年生活中重要的一面。

三歲以下的嬰兒，還在身體開始成長的階段。在美國這被稱為「未來的一代」（Futuristic Generation）。健康成長才是他們生命最重要的環節，至於去學習幼兒英語、穿名牌嬰兒裝，並沒有很大的必要。

對每個人來說，親子關係是一個私人的、特殊的關係，但在處理看待這個關係時，必須瞭解我們所處的空間和時間的大環境，不能夠單純的要求上一代或下一代，在每一

件事上都跟我們有同樣的想法、看法和作法。我們不能夠單純期待，下一代比我們這一代更好；何況「更好」這兩個字，也是我們沒有辦法為下一代下定義的。

我覺得要建立一個健康、良好的親子關係，有三個要點：第一、關心和愛心，第二、尊敬和瞭解，第三、平常心接受，平常心幫助我們理性和平順的付出和接受。

第一、關心和愛心。關心和愛心是建立健康良好親子關係的一個要素。人和人之間的相處，必須要先克服空間和時間的阻隔。為了工作的關係，為了求學的關係，我們遠走他方，得花許多時間為工作和事業努力。

而我們的上一代，尤其是已經退休的上一代，在空間上，他們可能住比較偏遠；在時間上，他們會有更多的空餘時間。而我們的下一代，他們有自己的活動，包括求學、交友、上網聊天，加上我們替他們安排的活動，包括補習班、才藝班，很難有空餘的時間。

但是，一個健康良好的關係必須透過接觸、互動，來培養和經營；我們必須把時間騰出來，更要善用溝通和互動，讓這些時間成為優質的時間。愛心和關心，不能夠靠單純的物質條件來傳達，心靈的溝通和互動，是建立健康良好親子關係的要素。

第二、尊重和瞭解。上一代比我們多走了二、三十年的路，他們有的是寶貴的經驗和累積的知識，不要把他們看成落伍的老骨董；下一代比我們多接觸了許多新的事物，有廣闊的視野和創新的思想，不要把他們看成沒見過世面的小毛頭；我們自己有專業上、事業上的成就，但是不要認為自己一定會比他們正確。我們要瞭解他們的思想和看法，也要尊重他們犯錯的權利。讓我講兩個小故事：

美國大文豪馬克吐溫（Mark Twain），曾經講過一句很幽默的話，他說：「當我唸中學的時候，總覺得我爸爸什麼都不懂，是一個土頭土腦的老頭子，一直到我離家去唸大學，在第一年暑假從大學回到家裡的時候，才突然發現，爸爸在一年之內，有了很大的進步，有了很多新的知識，增加了很多新的智慧。」

我自己的爸爸是一位辛苦了一輩子的軍人，他九十六歲過世。當他年紀大的時候，我常提醒他，要多玩一點，多享受一點，過我心目中比較好的生活。有一天他跟我說：「我都聽進去了，但是，我又不是你的寵物。」的確，我們對上一代、下一代的愛心，並不是要把他們變成我們的寵物，我們不必、也不能夠用我們的尺度去規範他們的生活。

第三、平常心。平常心是建立健康良好親子關係的重要因素，尤其是對我們的下一代，我們會對他們有很高的期待，但是，過高的期待，反而會讓我們自己失望，並為他們製造壓力。

我們期待下一代進最好的學校，在學校拿到最高的分數，但是我們得問，這是不是過高的期待、是不是必要的期待？我們會為他們安排製造最好的環境，但是過分的刻意，除了讓我們付出太大的代價之外，可能不但得不到預期效果，甚至得到反效果。三歲的小朋友，就要進每個月上萬元全英語的幼稚園，不是不好，但是也不必勉強一定要這樣做。

有一次，我和一位在台大任教的好朋友在一起，當我問起他在念高中、馬上要進大學的兒子時，他說：「他不是我的兒子。」他的意思是：對他的兒子，他不會有過高的期待、過分刻意的安排，期待他的兒子比別人的兒子更出色，安排讓兒子有比別人的兒子更好的機會。

我回答他說：「我知道你這句話的意思，你的意思是：『每個人都是你的兒子』」。我這位好朋友，的確是一位有智慧的爸爸和教育家。孟子《梁惠王》上篇說：「老吾老以及人之老，幼吾幼以及人之幼」，那就是把自己和上一代、下一代的親子關係，推廣到所有人的上一代和下一代，這就是推己及人，由親及疏的關心和愛心。

第16堂課

誰來晚餐

英國青少年常常跟家人一起吃晚飯的比例只有六〇%，差不多是全歐洲最低的，在義大利這個比例是九三%。我相信大家跟我一樣，都擔心台灣的比例也不會很高。雙親都在工作的家庭，沒有人忙得過來在家裡做飯一起吃。

英國的公共政策研究中心，曾發表過一份研究報告，針對英國青少年問題，作廣泛的抽樣並深入分析。這份報告針對一九七五年和一九八五年的英國青少年，觀察其在不同時空環境下成長，所面對的不同問題，報告的名字是「Freedom's Orphans: Raising Youth in a changing world」，翻成中文是「自由的孤兒」，意思是在過去五十年社會的進步和改變中，成人和青少年在不同的面向有了更多的自由和空間，在這些自由和空間底下，成長的青少年，變得像孤兒了。

這份報告裡，用統計數字指出英國、法國、義大利、和葡萄牙的青少年，在打架、暴力行為、酗酒、吸毒、未婚生子這些指標上，英國青少年的數據都是比較差的。對我們來講，這種相對比較是其次的；透過英國報告的資料，指出不管在歐洲、美洲或者亞洲，社會的進步和變化，都對青少年成長過程有很大的影響；也討論一下，英國這份報告裡幾個重要的建議。

毫無疑問，在這個迅速變化的社會裡，受到最大影響的是家庭架構的變化，說得嚴重一點，是傳統的家庭架構變得脆弱，甚至被破壞而崩潰。報告中，有一個既有趣且含意很深的數據；當他們調查有多少青少年常常跟家人一起吃晚飯時，在英國這個比例差不多是全歐洲最低的，只有六〇％，但在義大利這個比例是九三％。

我沒有台灣的數據，但是我相信大家跟我一樣，都擔心我們的比例也不會很高。父母親為了工作，常常得加班，雙親都在工作的家庭，沒有人忙得過來在家裡做飯一起吃，反正買個便當也很方便；上補習班的小朋友往往八、九點才回到家，獨自在外面吃晚餐，有時候坐在電視前面看電視，坐在電腦前玩電動，各吃各的。

全家人一起吃晚飯有它實質的作用，也有它象徵的指標性。全家人一起吃飯，代表在某個程度上，大家有共同的方式過著共同的生活，而不單單是在同一個屋簷下，各人住各人的房間，各人吃各人的飯，各人過各人的生活。

全家一起吃晚飯，也有大家聚在一起，感恩慶幸的機會。基督徒在飯前的禱告，表達出全家人能夠共聚共享健康和快樂，以及「開飯了，有飯吃了」的感激。我還記得小時候，在戰亂奔走當中，肚子常餓得咕咕叫的感覺，及對於有飯吃的那份感激和歡喜。很多人都看過李安的電影《飲食男女》，電影中朱爸爸每個禮拜都為全家人準備一頓豐富的晚餐，帶給他三個女兒的是一份享受和無限感激的心情。

全家一起吃晚飯，也是培養禮貌和社交禮儀的機會。廣東人有一個古老的習慣，開始吃飯時，每一個晚輩都會喃喃的說一遍：「爸爸請用飯，媽媽請用飯，舅舅請用飯，舅媽請用飯。」表示對長輩的尊敬，吃完飯，也會說一遍：「爸爸慢用，媽媽慢用。」我在香港的一位同事，雖然已經結婚生子了，不久前我和她及她的家人吃飯，她還會遵守這種禮節。

在飯桌上，長輩替晚輩挾菜，晚輩彼此禮讓，還有飯桌上禮儀的訓練，英文所謂Table Manner，怎樣用刀叉，喝湯的時候不要發出「哧哧」的聲音，都是從小在飯桌上訓練的。

全家一起吃晚飯，是大家交換訊息資料的時候。爸爸媽媽會講到工作上的狀況，兒女會講到上課、課外活動和交朋友情形，的確是同甘共苦。

我還記得在《飲食男女》電影裡，有一次吃晚飯時，二姐站起來說：「我有一個消息向大家宣布，我買了房子，裝修好就要搬出去了。」又有一次吃晚飯時，三妹站起來說：「我有一個消息向大家宣布，我要搬到男朋友家裡了。」還有一次吃晚飯時，大姐站起來說：「我有一個消息向大家宣布，我今天早上已經公證

結婚了。」至於朱爸爸呢？他比較靦腆，吃晚飯的時候，他先說：「我們大家能夠在一起吃晚飯是緣分，沒有什麼不可以說的，我決定把這個房子賣掉，搬到郊外。」然後，才把他愛情故事作一個昭告。

全家一起吃晚飯時，也是相互學習的機會。政治、社會、藝術、科技，天南地北無所不可以談。我曾跟一位美國的朋友，談起這個問題，他是從歐洲移民到美國的教授，在他家裡，吃完晚飯，小朋友會問：「我可以離開飯桌了嗎？」他會說：「不可以，現在是討論時段的開始。」

我把全家一起吃晚飯，講成家庭生活裡非常重要大事，因為，我覺得除了實質作用之外，它也有指標性的意義。

對青少年而言，家庭是一個溫暖快樂的地方，一個彼此尊重、相互扶持的地方，一個可以把內心話講出來、可以聽到別人內心話的地方，一個可以得到同情、體諒、智慧和知識的地方。

毫無疑問，對一個青少年的成長，家庭裡所提供的環境，有很大的影響力，學校和社會也可以發揮相似的功能。但是在有些歐美國家，學校是個讓青少年打發時間的托兒所；在亞洲包括台灣在內，學校是一個準備考試的魔鬼訓練營。現代社會是一個講究速度、效率的社會；孤獨和冷漠，就成為青少年成長環境裡唯一的感覺。

經由一起吃晚飯的觀察，我們講到家庭、學校和社會，如何為青少年打造良好的成長環境。英國公共政策研究中心的報告，還指出在一個商業和消費掛帥的社會裡，青少年的價值觀受到很大的影響。我覺得這種影響有兩個層次，第一個層次是對物質生活的過分重視，導引到對金錢的過分重視；但是，比較深的一個層次，是過分強調目標導引的環境，會導引成只要達到目的、不擇任何手段的人生觀和態度。

接下來舉幾個例子，來談談這兩個層次。

我曾經看到一則新聞，在大陸有一個有錢人，他念小學三年級的兒子在學校成績不是很好，爸爸跟兒子說，如果你好好努力，成績改進，我會送你一份好禮物。兒子果然用功把書念好、考試考好，爸爸送他一台賓士轎車，這部轎車變成接送他上下學的專車。

當我在學校裡，看學生打籃球的時候，發現幾乎每個人穿的都是名牌籃球鞋，連上幼稚園的小朋友也是名牌打扮，年輕人用Vertu的手機、Franck Muller的手錶都是奢華風尚的例子。所以，英國公共政策研究中心的報告提出具體的建議，在平面媒體、電視、3G手機上，針對青少年的消費商品廣告，作出適當的規範。

至於，第二層次，那就是速成、目標導向的人生觀。曾經在報上看到家長為了增加兒女的身高，一窩蜂為兒女安排注射生長激素。生長激素HGH（Human Growth Hormone）是腦下垂體分泌的荷爾蒙，它主要的功能是控制人體細胞、骨骼、肌肉和器官的成長；缺乏生長激素的人，身材會矮小，

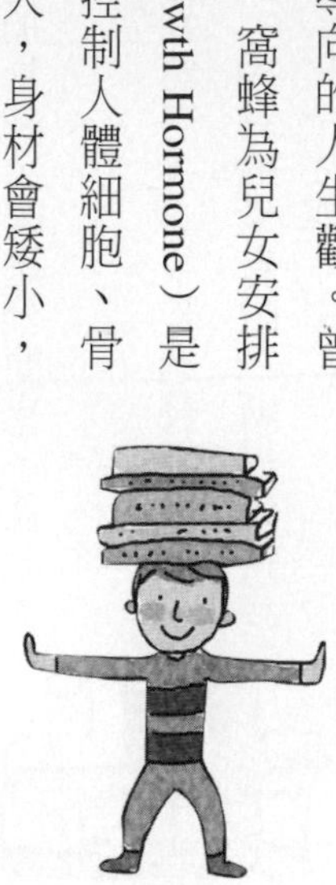

但是以為注射生長激素就可以幫助任何人增加身高，是過分簡化，甚至危險的做法。

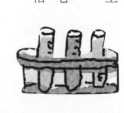

把藥物、尤其是荷爾蒙這種東西，注射到體內，必須經過醫師小心的評估。生長激素以前是從動物身上抽取的，因為數量有限，所以價格很高。一九八五年開始，科學家嘗試用人工方法合成生長激素。

人工合成的生長激素雖然比較便宜，但是按照報紙的報導，很多人都為一個小孩花上兩、三百萬，報上甚至用「家長捧著鈔票上門去看醫生」這句話來形容。

對醫學我是一個外行人，我不能隨便發表意見，但我要說：「錢不重要，身高也沒有那麼重要，健康才是最重要的。」講到身高，不久前在美國逝世的諾貝爾經濟學獎得主傅理曼（Milton Friedman）身高只有一六〇公分；按照歷史的記載，拿破崙的身高只有一六八公分；鼎鼎大名的英俊男明星湯姆克魯斯（Tom Cruise），他一連六部電影，每部收入都超過一億美元，他的身高是一六五公分。

讓我們找一個極端的例子，打籃球，身高可說是最重要的，目前美國NBA球員中最高的是姚明，身高二二九公分，最矮的一個叫做厄爾．博伊金斯（Earl Boykins），他身高只有一六五公分，體重六十公斤，他可不是點綴、混混的，他已經在NBA打了八年球了。

英國公共政策研究中心的另一個建議，是在學習的過程中，營造合作、共同學習的機會；在上課以外安排有組織的、定時的課外活動和服務工作。例如，打球、舞

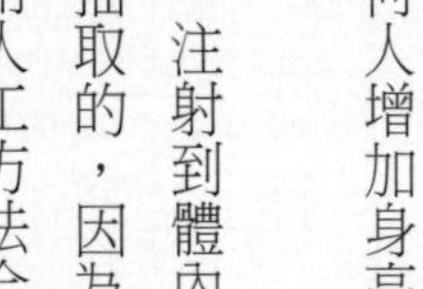

蹈、表演、社會公益慈善活動等，青少年在成長的過程中和同儕的互動，有非常大相輔相成的效果，對別人的尊敬、體諒、瞭解、同情和犧牲，都是在成長過程中培育出來的人格特質。

英國公共政策研究中心的另一個建議，是重視青少年對兩性關係和兩性問題的瞭解。由教育部發行一本小冊子、在學校裡開一門生理衛生的課，是不夠的。在晚餐桌上，和家人一起的其他場合，和老師課堂以外的互動，都是可以幫助青少年成長的機會。

我曾經看過一個數據，假如有一個十四歲的小孩，無目的、有意的破壞一個公共汽車的停車站，有多少成人會去阻止他？在英國的調查是三四％，在德國的調查卻是六五％。這些數據，跟前面提到青少年和家人互動、一起吃晚飯的數據，有相同的地方；那就是在不同的國家，父母親和兒女、大人和青少年之間的距離，有些比較遠，有些比較近，如何縮短這個距離，是為人父母、老師、兒女，是主管教育、主管社會福利的機構應該共同努力的目標。

第17堂課

情人的定義

情人是——當你和他在一起時，會覺得時間過得太快，會希望地球停止運轉。

情人是——當他不在你身旁時，你會覺得很孤單，也許你會覺得他還是在你的身旁。

有一個情人是幸福的，作一個情人是幸福的。

二月十四日是西洋情人節（St. Valentine's Day），按照傳統，情人們在這一天透過郵件、卡片、花、糖果的交換，傳達愛意。到底這個節日的來源是什麼呢？有幾個不同的故事版本，這邊舉一個流傳比較廣的版本。

大概在西元二七〇年左右，羅馬有一個皇帝Claudius二世，他的外號「殘酷的Claudius」，當他要擴充軍隊去外面打仗時，發現羅馬年輕人都不願意當兵，他認為是因家庭牽掛和拖累的緣故，所以，他下令禁止結婚和訂婚。這讓年輕人十分惶恐，有一個叫Saintt Valentine的神父，還是私下替年輕男女主持婚禮，因此被皇帝關在監獄裡，但是許多年輕人都到監獄外，把花和寫好的信件丟進窗內給他，他在二月十四日那一天被處死。

所以，這一天就選為紀念他的日子；年輕男女在這一天交換信件、花和糖果，成了傳統。當Saint Valentine在監獄裡時，有一位守衛的女兒常去慰問他，被處死的前一天，他寫了一封信謝謝她的照顧，結尾他寫Love, from your Valentine。今天在英文裡我們常說，**I am your Valentine**（我是你的好朋友，甜心）。Valentine變成了一個通用的名詞，意思就是親密的朋友、甜心、情人。

在台灣我們一年慶祝兩個情人節，一個陽曆二月十四日的情人節，一個是陰曆的七月七日七夕，這兩天都叫做情人節。看到這裡，我倒想問問大家，「情人」這兩個字的定義是什麼？也許有人會抗議，你們學科學的，什麼東西都要下定義。

你可曾聽過南宋詞人元好問寫的一首詞，當他看見一個捕雁的人，捕獲一隻雌雁，雌雁落在網中死了，雄雁在旁邊哀鳴，突然向地面猛衝而死，元好問的詞開頭第一句是：「問世間情為何物，直教人生死相許。」看不見，摸不著，捉不住，說不清楚的感覺，既然不知情為何物，又何必追根究柢去問「情人」的定義呢？不過，還是讓我們嘗試描述「情人」是怎麼樣的一個人。

情人是一個人，當你和他在一起時，你會覺得很開心和舒

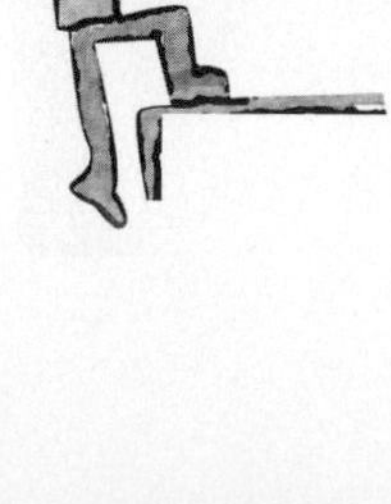

服，也許你會關懷大笑，也許你會拈花微笑，也許你只想讓他對著你笑。

情人是一個人，當你和他在一起時，也許你會覺得有很多很多的話要跟他講，也許你會覺得三言兩語他就完全懂得你要講的是什麼了，也許你會保持沈默，讓他講給你聽。

情人是一個人，當你和他在一起時，你可以無拘無束胡言亂語，你也會講話有分有寸，小心翼翼。

情人是一個人，當你和他在一起時，想睜大眼睛好好地看著他，也許你想閉上眼睛，在腦海中描繪他的模樣。

情人是一個人，當你和他在一起時，你會聽到鳥語，聞到花香，聽到仙樂，看到彩虹，也許你會感到一片寧靜、一片空白。

情人是一個人，當你和他在一起時，你會想喝一杯美酒，你會想用一杯清茶，你會想起巧克力伴黑咖啡，你會想起加了檸檬片的可口可樂。

情人是一個人，當你和他在一起時，你會想為他唱幾首老歌，或者你會想為他寫一首小詩。

情人是一個人，當你和他在一起時，你會擔心風太大，他會著涼，太陽太猛，他會流汗，不過，你自己倒覺得雲淡風輕、溫暖舒暢。

情人是一個人，當你和他在一起時，你會覺得你沒有任何的煩惱，也許你會覺得

一切的煩惱，都是值得的。

情人是一個人，當你和他在一起時，你會覺得精神抖擻、意氣風發，你會變得輕飄飄、懶洋洋。

情人是一個人，當你和他在一起時，你會覺得時間過得太快，你會希望地球停止運轉。

情人是一個人，當你和他在一起時，你會想帶他去遊花都巴黎，或者去探訪瑞士山中的一個小鄉村。

情人是一個人，當你和他在一起時，你覺得「情」是一道敞開的大門。

情人是一個人，當他不在你身旁時，你會覺得很孤單，但是，也許你會覺得他還是在你的身旁。

情人是一個人，當他不在你身旁時，你會回想起和他在一起時的美好時光，你會開始編織當他再和你在一起時的歡樂。

情人是一個人，當他不在你身旁時，你剩下來的只是工作；當他不在你身旁時，你沒有心思在你的工作上。

情人是一個人，當他不在你身旁時，你會覺得時間過得太慢，你會覺得長途電話實在是最偉大的發明。

情人是一個人，當他不在你身旁時，你會覺得食物只是維持健康的食品，你的味蕾已經宣布罷工，你的腸胃已經失去消化的能力。

情人是一個人，當他不在你身旁時，你會擔心他著涼、中暑、食物中毒、家裡出現小偷、走路被機車撞倒。

情人是一個人，當他不在你身旁時，你會不注意穿衣服而著涼，你會忘記關家裡的門而遭小偷，你會走路不留神差點被機車撞倒。

情人是一個人，當他不在你身旁時，你會想到你是在撒哈拉大沙漠裡獨行，在北極的寒風中打哆嗦。

情人是一個人，當他不在你身旁時，你會想化作一隻小鳥，可是你卻覺得自己好像一隻在地上爬的爬蟲。

情人是一個人，當他不在你身旁時，你會覺得「情」是一個不可超越的關卡。

有一個情人是幸福的，作一個情人是幸福的，在情人節的時候，Where is your Valentine？

情為何物？雖然我們不能用一張圖畫、一份表格、一個方程式，把「情」表達出來。但是，當我們試著描述跟情人在一起時，快樂、開心的感覺，和情人不在身旁時，失落思念的感覺。讓我們知道「情」是一股力量，讓一個人對另一個人產生一份「特殊」的感覺，把兩個人連接起來，其實，按照我們的描述，「情」並不限於「男女之間的愛情」，父母子女之間的「親情」，兄弟姊妹之間的「手足之情」，志同道合、興趣理念相投的朋友之間的「友情」都是「情」。情人節談到情人這個詞，我們往往會直覺想到男女間的愛情，愛情開始在兩個完全陌生的人之間，也會把這兩個人的生活和生命，緊密的結合起來。情可以從無到有，從淡到濃，從短暫到長久，從片刻到永恆，但是情何嘗不會淡化、不會消失？

我們不知道「情為何物？」但是，還是能夠談談怎樣去面對「情」，處理「情」。我們可以說每個人都坐在一部雙頭馬車上，讓「心」（heart）和「頭腦」（head）帶著我們走，也就是讓感情和理性帶著我們走。我們要讓這兩匹馬互相協助、調整和制衡，走得平穩、走得快捷，走向正確的方向。

「心」是一匹純真的、火熱的馬；「頭腦」是一匹有條理的、冷靜的馬。

「心」是一匹有衝力的馬；「頭腦」是一匹有持久力的馬。

「心」是一匹跑了再算的馬；「頭腦」是一匹算過才跑馬。

「心」可能是一匹橫衝直撞的馬；「頭腦」是一匹識途老馬。

當「心」這一匹馬看不清楚前面的路時；「頭腦」這一匹馬會幫忙看清楚。

當「心」這一匹馬跑到懸崖邊時；「頭腦」這一匹馬會幫他停下來。

當「心」這一匹馬摔倒時；「頭腦」這一匹馬會幫他站起來。

當「心」這一匹馬飢渴時；「頭腦」這一匹馬會幫他去找水草。

當「心」這一匹馬跑得太快時；「頭腦」這一匹馬會幫他慢下來。

當「心」這一匹馬跑得太慢時；「頭腦」這一匹馬會幫他跑得快一點。

「心」這一匹馬帶著我們去追求；「頭腦」這一匹馬幫我們去接受。

美麗的愛情故事，何止上千上萬，我挑選了兩個中國故事，它們的背後，也隱隱約約說出心和頭腦這輛雙頭馬車是怎麼走的。

前面提過農曆七月初七是中國的情人節，它是源自古代牛郎織女的神話。傳說織女是天帝的孫女，愛上了人間的牧牛郎董永，下凡和他結婚，過著男耕女織的幸福生活。但是王母知道了，十分生氣，因此派天兵把織女捉回天庭，牛郎在神牛的幫助下，一直追上天，被王母劃銀河為界，每年七月初七，人間的喜鵲會飛到銀河上，駕起鵲橋，讓他們渡過銀河相會。

宋朝詞人秦觀寫了一首有名的詞《鵲橋仙》：「纖雲弄巧，飛星傳恨，銀漢迢迢暗渡。」是描寫雲星和銀河；「金風玉露一相逢，便勝卻人間無數。」七月初七是秋天的開始，金風玉露是初秋的景致；「柔情似水，佳期如夢，忍顧鵲橋歸路。」他們在鵲橋上相會之後，就要分手了；「兩情若是久長時，又豈在朝朝暮暮。」何嘗不正是「心」和「頭腦」這匹馬之間的對話？

另一個則是趙孟頫和他的夫人管仲姬的故事。趙孟頫是宋末元初人，他是宋太祖趙匡胤的十一代孫子，他的書法叫做趙體，他的繪畫、尤其是他畫的馬，到今天還是鼎鼎有名的。宋朝亡了，趙孟頫在元朝當了大官，他的夫人管仲姬也是有名的書法家，當趙孟頫遇到一位年輕漂亮的女子，想納她為妾時，管仲姬寫了一首詞，唸給趙孟頫聽：

「你濃我濃，忒煞情多，情多處，熱如火，把一堆泥，捻一個你，塑一個我，將咱倆個一起打破；用水調和，再捻一個你，再塑一個我，我泥中有你，你泥中有我，我與你生同一個衾，死同一個槨。」

趙孟頫聽了這首詞後打消了納妾的念頭，這首詞後來由李抱忱先生作了曲，現在還是非常流行。

第18堂課

禮貌的魅力

拍桌子、摔椅子，這些失態的作為，並不足以彰顯一個高官、一個大老闆的權力，它彰顯的是不成熟處理人際關係的能力，背後就是不成熟的自我調息、自我控制的能力，這種人能夠成大事嗎？

不久前，我讀了一本有趣的好書，書名是《Why Manners Matter》，中文翻譯本書名是《禮貌的力量》。

從古老時代開始，人類彼此間就過著息息相關的共同生活，尤其是到了交通和通訊技術極度發達的二十一世紀，世界變得更小，人和人之間互動也更加密切了。不過，我們不要無可奈何的把共同生活，看成一個不可避免的後果；相反的，要把共同生活看成自然、美妙的安排，在共同生活裡，體驗到和諧、平等、尊嚴、和自由。

在共同的生活環境裡，我們必須要有相當的規範，有人說，這是因為人類天賦的動物本能：競爭、好強、自私、獨占，脾氣有時候會變得暴躁，情緒有時候會變得激動，沒有適當的規範，無可避免的後果是動亂、不安、破壞、和毀滅。

但我寧願把人類的天性看成風、看成雨、看成水，風會急，雨會暴，浪潮會洶湧；風要來就來，雨要走就走，潮起潮落，都是自然的現象。林木可以防風，堤防可以護河，壩堰可以蓄水，而且迎風發電、引水灌溉更說明了順勢導引的功能。把人性的規範和導引看成獸性的囚禁，那就未免太消極和負面了。

共同生活的規範和導引，會讓人想到法律和道德的功能。法律是嚴峻和嚴厲的，由大家訂定，也必須由大家嚴格遵守，法律臚列出不可以做的事情：不可以殺人，不可以偷竊，不可以不繳付所得稅。法律是共同生活裡最基本的規範，不遵守法律就是對共同生活直接的攻擊和破壞，不遵守法律的後果，就是明確的懲罰。道德是嚴肅和嚴謹的，道德標準告訴我們不應該做的事，例如，不應該撒謊，不應該違背承諾，不應該造謠生非；道德標準也告訴我們應該做的事，例如，敬老憐貧。

法律和道德是維護共同生活環境的兩個支柱，法律負起規範的責任，道德具有導引的功能。面無表情的法官，目光嚴峻的警察，心高氣傲的賢達，道貌岸然的聖人，排排站在那裡，作為擋風的高牆，遮雨的帷幕，讓我們可以安全、平穩的生存和生活。

但我們可以在這裡頭加一點什麼呢？讓我們在由法律和道德規

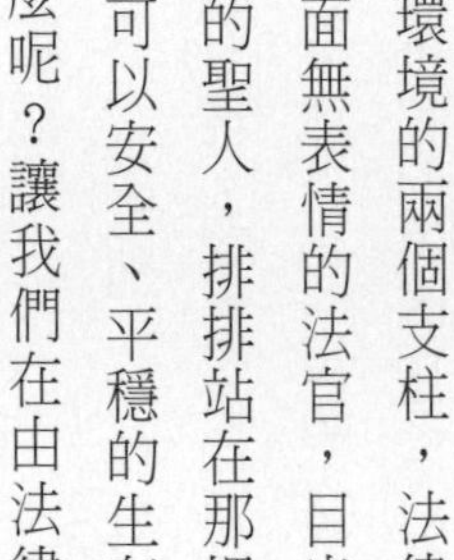

範、導引的共同生活環境裡，加上禮貌吧！

禮貌最簡單、也最完整的定義，是對別人的尊重、對別人的體諒。禮貌包括禮儀，因為禮儀是禮貌形式上的具體呈現；禮貌也包括教養，因為教養是禮貌的內涵。

禮貌與法律、道德一樣，也是一種人為的規範，守法、遵循道德的訓誨、和遵守禮貌都不是與生俱來的本性，十九世紀的美國作家愛默生說：「禮貌是一些小小的犧牲所造就出來的。」在二十一世紀的今天，談到犧牲這兩個字，許多人會嗤之以鼻，在法律的威權和道德的壓力下，我們已經作了許多犧牲，難道還要作進一步而且似乎是不必要的犧牲嗎？

假如我們把法律和道德看成枷鎖和囚籠，同樣也會把禮貌看成另外一道枷鎖，另外一座囚籠。但何必採取這個觀點和態度呢？在法律、道德、和禮貌相輔相成的配合下，除了防風、護河、蓄水、發電、灌溉之外，我們可以在沾衣欲濕的杏花細雨中漫步，在吹面不寒楊柳微風中徜徉，蝴蝶會隨風起舞，鮮花會在雨水滋潤之下盛開。

禮貌涵蓋、補足許多法律和道德並不涵蓋的地方，禮貌溫柔細緻，法律和道德卻是大義凜然；禮貌引人入勝，法律和道德卻是咄咄逼人；法律劃分對和錯，道德劃分善和惡，禮貌劃分優雅和粗鄙；法律說必須，道德說應該，禮貌說最好、不妨和恰當。

為什麼禮貌那麼重要呢？在二十一世紀的今天，自由、民主、平等、獨立是大家公認的普世價值，禮貌可以和這些普世價值相容嗎？

在一個文明的社會裡，禮貌就是為了尊重別人的權利、體諒別人的自由，為了讓別人多得一點權利、多享一點自由，而對自己所作的規範和約束。排隊坐公車，排隊買電影票，走路不爭先恐後，摩托車不亂停放，讓座給老弱婦孺；在社交場合裡，不搶著講話，講話不滔滔不絕，耐心聆聽別人的意見，都是對別人權利和自由的尊重與體諒。禮貌帶來次序和安定，沒有次序和安定，就不可能有共同的權利和自由。

禮貌也是為了自己，而對自己所作的規範和約束，唯有能規範和約束自己，才能在一個有權力的高位規範和約束別人。以下是法國歷史上一個小故事，也是有深意的一件大事。法國在十七世紀是世界上最富強的國家，有一天，法王路易十四在豪華的凡爾賽宮吃完晚餐，正要離開時，他看見角落裡一個僕人偷偷的把一塊甜點揣入懷裡，那一刻，路易十四完全忘記國王的尊嚴，衝過去舉起手杖，劈頭打下去，連手杖都被打斷了。

事情發生之後，路易十四覺得十分後悔，身為國王，不能控制自己的脾氣是嚴重的失態，他馬上向妻子懺悔，找神父告解，禱求上帝寬恕。其實，那天晚上，路易十四剛剛接到北方戰爭失利的消息，他的心情惡劣是情有可原的，即使位高如路易十四，要治理一個國家，也必須先從管治自己做起。

拍桌子、摔椅子，這些失態的作為，並不足以彰顯一個高官、一個大老闆的權力，它彰顯的是不成熟的處理人際關係的能力，而它背

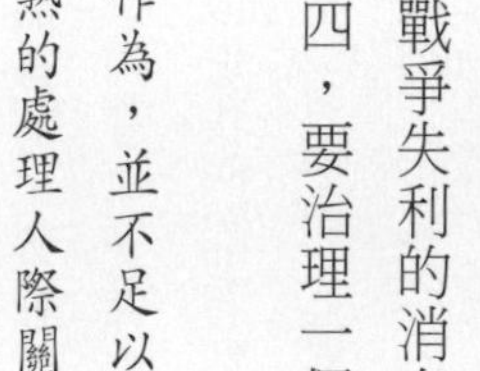

後就是不成熟的自我調息、自我控制的能力，這種人能夠成大事嗎？

在一個民主社會裡，禮貌會為我們帶來平等，有人說，在民主社會裡，沒有人可以擁有特權，那不就是平等了嗎？但是我們都看到平等所引起的，是追求不平等的冀圖和願望。在一個民主社會裡，人人有機會，個個奮勇爭先，每個人都想贏在起跑點，搶先一步，超人一等，導致抄捷徑、走後門的心態。

在一個汽車公司推銷一款新休旅車的電視廣告裡，一位年輕的女士開著一台這款龐大的休旅車，在停車場裡小心翼翼地擠進兩部小車的中間，車停好了，才發現車子實在靠得太近了，兩邊都沒有開門的空間，正好這一款休旅車的車頂裝有天窗，這位女士從天窗爬出來，蹦蹦跳跳，揚長而去了。這段電視廣告沒有顯示，當兩旁的車主回來發現車門開不了的時候的憤怒和沮喪。這段電視廣告無意中顯示出，在一個沒有特權的社會裡，每個人都想擁有特權，唯有依賴禮貌，依賴對別人的尊重，我們才能夠在自由民主競爭的環境中，找到真正平和、平順、平靜的平等。

在一個獨立自由的社會裡，自尊和自信往往會延伸成自大和自私。一位爸爸帶著五歲的兒子在街上走，旁邊一位行人提醒他：「先生請勿隨地吐痰。」在五歲兒子的面前被人教訓，也許必須吵一架、打一架來爭回面子。在美國有個真實案例，一位女士，在電影院裡講手機，後面一位觀眾，輕輕拍拍她的肩膀提醒她，這位女士以人身攻擊的理由告上法院，坐在後面那個倒楣鬼罪名成立，被判罰款。

幾天前，我看到一段新聞，一位顧客在菜市場買了兩個芭樂，老闆秤下來是四十四塊錢，顧客說四十四塊錢就好了，老闆說非四十四塊錢不賣，兩個人對吵對鬧告到警察局去，我相信互告的罪名是誹謗吧！因為沒有禮貌，不能夠成為罪名。在一個獨立自由的社會裡，只有禮貌，才能讓我們拋棄過分膨脹的自我，拋棄了自大和自私。

禮貌從哪裡而來呢？從別人的身上，但也得靠自己的體會。作為一個大官、大老闆、大明星，是大家學習的榜樣。作為一個老師、主管、父母親，也是大家學習的榜樣。不久前，我在一份香港報紙看到一篇短文，題目是「高官不懂純潔語言」，談及香港最近一個小小的語言上的政治風波。這又讓我想起，幾年前台灣一位部長使用有爭議性的詞語的往事。

政治界、媒體界、娛樂界的人物，本來是對語言文字掌握得最好的人，但我們卻常常看到使用粗鄙語言的例子，更往往並非無心而是有意的例子，更看到打手和衛士替他們解釋辯護，更看到群起效尤。從大人物、大老闆、和大明星的談吐舉動，衣飾打扮，我們期待的是純潔、優雅、含蓄、謙卑的榜樣，但是我們看到的是粗俗、炫耀、和狂妄的舉止，我們要從正面和負面的例子，觀察別人，從而自省，更作為他人的榜樣。

禮貌是和別人相處之道，禮貌也把我們內在自我呈現出來。禮貌不是一層鍍金，不是一個假面具，我們不是要用禮貌隱藏遮蓋我們的內在自我，而是要用禮貌自然的、輕巧

的、優雅的，烘托、展露、照亮我們內在的自己。

禮貌能夠彰顯人性，在禮貌的呵護下，每人都能夠展現他內在的自己。禮貌讓人與人之間保持適當的距離，沒有過分的踰越，不需要刻意建立防禦的圍牆。禮貌讓我們和別人溝通得更好，禮貌的溝通是一個順暢、愉快、優雅的過程。

法律是嚴竣的教條，道德是嚴肅的規範，當人與人之間有了誠摯的尊敬和真誠的體諒，生命會因而變得更美。禮貌為黑白分明的世界帶來色彩；冷熱兩極的世界帶來溫馨；為剛沉的世界帶來輕柔；為匆促的世界帶來舒緩。

禮貌是真有它的魅力。

第4講／語言和文字，是溝通的橋梁

我
你
相信
快樂
放鬆
加油

永

第19堂課

救救語言教育

有一位小朋友在日記裡寫：「我的祖父去『勢』了，大家都很悲傷。」，可是他把去「世」，寫成「勢」字，這樣一來，不但大家都很悲傷，祖父更是最悲傷的了。

語言是人與人之間溝通思想和意念的工具，而文字是記錄思想和意念的工具，同時，也成為超越時間和空間，作為古人與今人、或者是相隔遙遠的人，彼此間溝通的工具。

語言文字是現代人非常重要的工具，尤其是站在教育的立場，如何培養下一代的語文能力，是教育最重的責任。近年來，大家都在說，現在學生語文能力有逐漸下降的趨勢，我也要跟著語文教育的老師們大聲疾呼，我們不能忽視這個問題，我們要救救語文教育，救救孩子。

既然語文是一個工具，其最基本的訓練，是如何正確使用這個工具。如果一個字發音錯了，別人自然無法聽得懂你在說什麼？舉幾個例子來說，把「病入膏肓」唸成「病入膏盲」，「如火如荼」唸成「如火如茶」，「鬼鬼祟祟」唸成「鬼鬼崇崇」（ㄔㄨㄥˊ），都是發音的錯誤。在英文裡，也許受了火星文的影響，如果真在老美面前把「Thank you」唸成「3Q」，老美自然也聽不懂。

比較複雜的是中文裡有很多破音字，同一個字有不同的發音，例如，美妙的音「樂」（ㄩㄝˋ），給我帶來很多的快「樂」（ㄌㄜˋ），欺善怕「惡」（ㄜˋ）的人，令人厭「惡」（ㄨˋ），虛與委「蛇」（ㄧˊ），不是虛與委「蛇」（ㄕㄜˊ）等等。

出一個題目考考各位，有一個英文字，如果把第一個字母從小寫改成大寫，發音不同意義也不同了，知道這個字是什麼嗎？那是「polish」，p字小寫時是「擦亮」的意思，P字大寫時，Polish是「屬於Poland波蘭這個國家的」意思。

在台語裡有一個很有趣的例子，有一位小姐叫阿「香」，她到「香」港買了拜神用的「香」和「香」蕉，它們都很「香」，這句話裡的五個「香」字，在台語發音都不一樣，真是難倒了我這個廣東人。

以上是讀的部分，再來談談寫的部分。寫錯了字，別人更是看不懂，有一個小學生到外地讀書，寫了一封信給爸爸：「爸爸，現在

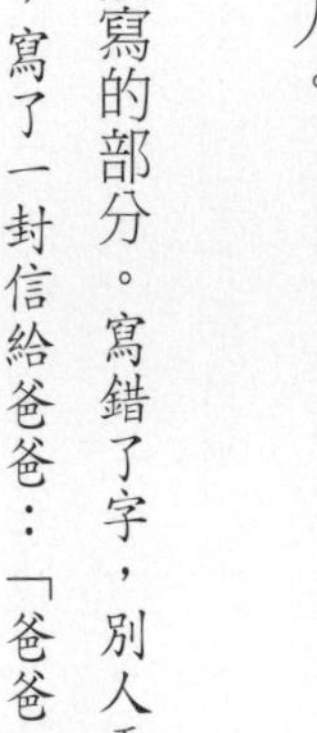

天天下雨，我沒有『命』，同學們都有『命』，請您趕快寄錢來，讓我買『命』。」這個小學生並不是被綁票了，而是把「傘」字，寫成「命」字了。事實上，他要說的是：「爸爸，現在天天下雨，我沒有傘，同學們都有傘，請您趕快寄錢來，讓我買傘。」

至於英文拼字，也得小心，到底是live to love呢？還是love to live？為愛而活，還是愛惜生命。

現在受到電腦拼音輸入的影響，大家常常寫出錯誤的同音字，有一位小朋友在日記裡寫：「我的祖父去『勢』了，大家都很悲傷。」，可是他把去「世」，寫成「勢」字，這樣一來，不但大家都很悲傷，祖父更是最悲傷的了。

把語文當作工具，使用正確之外，還要準確，要能夠把真正想說的話說出來。以下這個故事，就是因為沒有準確使用語言文字，而可能帶來不幸的禍患。

八國聯軍打入北京時，慈禧太后從北京西奔，一路上走得很辛苦，吃也沒吃好，睡也沒睡好，終於到了西安，在行宮好好休息了一個晚上，第二天吃早飯時，她跟身邊的太監們說：「這一段時間，吃也沒吃好，睡也沒睡好，所以心情也不好，現在好好休息之後，胃口也好了，心情也好了，也想出去走走看看。」旁邊一個想奉承她的太監趕緊接著說：「是啊，那就是飽暖思淫慾呀！」

不知道這個太監後來有沒有被砍了頭？

另外，還有一些因為用字不準確而貽笑大方的例子。上國文課時，老師要同學用「毅然決然」、「無怨無悔」這兩個詞來造一個句子，有一位小朋友寫：「爸爸媽媽

『毅然決然』的生了我，他們就要『無怨無悔』的把我養大。」有一位小朋友說：「我的媽媽雖然是『徐娘半老』，卻是風韻猶存。」嚴格來講，這兩個小朋友都沒有錯，但是在語意上，沒有準確的使用這些詞語。

在英文裡，「envy」是善意的羨慕，「jealous」是酸意的嫉妒，語意是不同的；說一個人「slim」是說她身材很纖細，說一個人「skinny」則是說她瘦削，有點皮包骨的味道。

語言和文字作為溝通的工具，使用這個工具時，第一個層次要正確，第二個層次要準確，第三個層次、也是最終目的，是怎麼樣善用這個工具把思想和意念清晰、有條理、簡要、詳盡、有力、婉轉、有趣、優美、動人的表達出來。到了這個境界，語言文字的使用是工具、也是藝術了。

即使是一份工程技術的成果報告，婚禮上短短的恭賀致辭，或是給大家共同欣賞的文章小說詩詞，語言文字都有它工具性、藝術性的一面；因此，語言文字是可用的工具，也是可欣賞的藝術。

小時候讀《古文觀止》，有人說，讀諸葛亮的〈出師表〉而不流淚的，不是忠臣；讀李密的〈陳情表〉不流淚者，不是孝子；讀韓愈的〈祭十二郎文〉而不流淚者，沒有手足之情，話似乎講得比較沈重了點，不過文字感人的力量，的確非常強。

那麼，我們的語文教育應該如何實施呢？多講、多讀、多寫是大家一致同意的三大原則。以我過去經驗，我的中小學時代是個比較古老的時代，老師在授課之外的雜事沒那麼多，那也是個沒有升學考試壓力的時代。

那時，在講方面，從小學一年級開始，我們有一門叫做「說話」的課，每個禮拜，每位小朋友輪流站在講台上，作一個短短的演講；此外，學校每學期有演講比賽，到了兒童節、畢業典禮，也都有學生代表上台演講，很多人包括我在內，還學演話劇。

在讀方面，我們要背書，還要默寫，也就是說要背得出來，還要寫得出來。還有讀寫，老師會讀我們沒有唸過的文章，然後，把老師讀的內容寫出來。

在寫方面，我們從小學三年級開始，每週要寫週記；到小學五年級，每週寫兩次；還要交大小字的書法練習，還發行壁報，把同學們寫得比較好的文章，找書法好的同學把它們抄出來貼在牆壁上。此外還有作文比賽和書法比賽，那麼，我有沒有補習呢？有，暑假的時候，媽媽給我選擇的是唸唐詩和古文。

我相信我的教育經驗和現在小朋友的經驗，有很多相似的地方，時空不同，調整改進的空間很大，但是我想原則是一樣的。

不過，在多講、多讀、多寫這幾個原則下，我要強調一些執行的細節：演講，不是信口開河，而是小心準備，寫下演講稿的演講；讀有略讀的部分，但一定有精讀的部分，翻來覆去的讀，瞭解之後，再加上分析和比較；寫要用心寫，而且文章寫了之後，自己要用心的去改，然後再由老師來改。

那麼，我們課程的內容是什麼呢？這個問題牽涉到兩個最近熱門的話題。一個是文言文和白話文之間的選擇，最近有很多討論，關於中學國文課程裡文言文和白話文的比例，應該是六五％對三五％呢？還是四五％對五五％呢？另外一個大家比較不注意的話題，是國文課本要不要包括從英文或其他語言裡翻譯過來的文章。

對這兩個問題，我有一個簡單的回答，我們的國文課程裡，應該全都是好文章。好文章沒有文言、白話之分，也沒有中文英文之分。語言文字在外表上有發音、用字、造句、遣詞的分別，但是它們的內涵、所代表的思想和意念是相通的。

> 我認為：「文言文好，白話文跟著好，白話文好，文言文跟著好。」另一方面，我也認為：「中文好，英文跟著好，英文好，中文跟著好」。這是我的經驗，我寫的白話文裡，有文言文的痕跡，我寫的英文裡，有中文的痕跡，一刀分為二，是不可能也是不必要的。

也許有人認為，我這麼說是過分理想。不過，我們之所以要斤斤計較文言文和白話文的比例，是因為我們必須按照部定的綱領來教學生，因為學測要考什麼，我們就得教什麼。

我不能不回到當年唸國文的經驗，我們買一本課本，裡面有很多的文章，程度大概都是適宜我們這個班次的，老師喜歡選哪一篇，我們就唸哪一篇，同學們喜歡哪一篇，老師就到別的地方找出

相關的文章。我們讀完了朱自清的〈背影〉，又讀他的〈荷塘月色〉；讀了韓愈的〈祭十二郎文〉，老師就替我們找到袁枚的〈祭妹文〉；讀了李後主的「春花秋月何時了」，老師就繼續教我們，「林花謝了春紅，太匆匆」，和「四十年來家國，三千里地山河」。那個時候不懂，現在回想起來，的確是一個語言文字的饗宴。

有人說文言文、古詩詞太難了，我倒認為，好東西即使再難，還是值得花工夫去學。古詩真的很難嗎？大家都唸過，李白的「床前明月光，疑是地上霜，舉頭望明月，低頭思故鄉。」一點都不難。新詩呢？口語化不見得一聽就懂。

一九七三年余光中教授到清華大學對教授們演講，在滿座博士之前，他朗誦他的新詩「星空非常希臘」，一位教授聽了馬上站起來說：「這句話不通，希臘是名詞，怎麼可以當形容詞？而且你崇洋媚外，為什麼星空一定要找外國的星空？」

按照沈君山校長寫的〈浮生三記〉裡的記載，余光中教授那次訪問清華大學之後的評語是：「文化的沙漠，瘋子的樂園。」後來在一九九七年，余教授再到清華講詩，他跟沈校長說：「現在清華不再是文化的沙漠了。」沈校長說：「但還是瘋子的樂園。」

余光中教授和沈君山校長，是兩位我最敬佩的詩人文人，他們有詩人文人的才華，更有詩人文人的可愛，毫無疑問他們受過很好的國文教育。作為一個一輩子都是在大學裡度過的人，我覺得「瘋子的樂園」是一所大學所能達到最高的境界。教育包括語文教育在內，本來就是要為我們帶來幾分清醒，幾分陶醉。

我你
相信快
放鬆樂
加油
永

第20堂課

問與答的奧妙

小女孩問媽媽兩個很純真的問題：「我會美麗嗎？我會富有嗎？媽媽給了她一個充滿智慧的回答：「我們不可以預見未來，未來是什麼就是什麼了。真的，未來不可以強求，也不必強求。」

當牛頓坐在蘋果樹下，看見一個蘋果掉下來時，他問：「蘋果為什麼會向下掉，而不向左右橫飛？」前美國總統甘迺迪說過：「不要問你的國家能夠為你做些什麼，要問你能夠為你的國家做些什麼。」(Ask not what your country can do for you; ask what you can do for your country.)

一個叫做林放的人詢問孔子，禮儀的準則為何？孔子說：「大哉問。」那就是說「問得很好」。論語裡說，一個聰敏的人，往往不用功讀書；一個地位高的人，往往不好意思請教別人，所以「敏而好學，不恥下問」，才是一個讀書人應有的態度。

有一首老歌「問」，歌詞是這樣寫的：

你知道你是誰，

你知道年華如水，

你知道秋聲添得幾分憔悴。

其實，在我們生活和工作中的每個層面，不論與人互動或獨處，我們都會碰到一連串問題，有些問題可以提供很詳細、清晰的回答，有些則不知道怎麼回答，也有些問題是不想回答。而且有時候，問題和答案往往是相輔相成的，不容易也沒有必要很清楚的分開來。

我當了一輩子老師，最基本的責任，就是回答學生的問題。孟子說老師有五個教育的任務，其中一個就是回答問題；孔子也說老師的任務是傳道、授業和解惑。其實，不管是當老師、家長或主管，我們都得常常回答問題，更會努力、盡力、正確、圓滿的回答問題。朱熹有一首詩是這樣寫的：

半畝方塘一鑑開，

天光雲影共徘徊，

問渠那得清如許，

為有源頭活水來。

「問渠那得清如許」問得很好，「為有源頭活水來」也答得很好。不過，這首詩可以有不同的詮釋，我覺得一個很有深意的詮釋是，「問渠那得清如許」是問題也是答案；「為有源頭活水來」是答案也是問題；「問和答」就是我們在學術上、生活中一片清靜的源頭活水。

另外，有一首英文老歌《Whatever Will Be, Will Be》，歌詞是這樣寫的：

When I was just a little girl,
I asked my mother,
"What will I be? Will I be pretty? Will I be rich?"
Here's what she said to me,
Que Sera Sera;
Whatever will be, will be,
The future's not us to see.
Que Sera Sera.

在這首歌裡，小女孩問了媽媽兩個很純真的問題：「我會美麗嗎？我會富有嗎？她的媽媽給了她一個充滿智慧的回答：「我們不可以預見未來，未來是什麼就是什麼了。真的，未來不可以強求，也不必強求。」

以上兩個例子，都說明在「問與答」之間，充滿了使用語言的智慧。

不過，在我們的生活裡，卻常發生問非所答，或是答非所問的情形。也許是因問問題的人，有意無意間，把問題問得不清楚；也許是答問題的人，有意無意間，誤解了問題的原意。以下這個故事，就是「問與答」之間，沒有掌握好，而產生了誤解。

小明剛剛進國小一年級，有一天下課回家，小明問媽媽：「媽媽，我是從哪裡來的？」媽媽聽了，趕快和爸爸討論：「現在小孩子懂事越來越早，我們應該趁這個機會找些書準備一下，很適當的利用這個教育機會回答這個問題。」

經過幾天準備，有一天晚餐過後，爸爸媽媽跟小明坐在一起，媽媽跟他說：「小明，你前幾天問我，你是從哪裡來的？讓我從頭講起，十多年以前，媽媽遇見爸爸，我們彼此相愛……」慢慢給小明敘述和解釋。

結果小明似懂非懂的聽了半天，卻跟媽媽說：「媽媽，為什麼這麼複雜？我們上課的第一天，老師問我們每個人：『你是從哪裡來的？』坐在我旁邊的小朋友馬上舉手說：『我是從嘉義來的』，我只不過是想知道『我是不是也是從嘉義來的而已。』」

其實，在辯證法中有名的「蘇格拉底方法」，跳出了學生問、老師答的窠臼，老師會用一連串問題來激發學生的興趣、導引學生的思路。

例如下面這首張先的《菩薩蠻》：

牡丹含露真珠顆，美人折向簾前過，
含笑問檀郎，花強妾貌強？
檀郎故相惱，卻道花枝好，
花若勝如奴，花還解語無？

這首小詞描述一位美麗女子，從簾前走過，她含笑問男友：「花漂亮還是我漂亮？」男友故意逗她說：「花比較漂亮。」美女馬上問第二個問題：「即使花比我漂亮，但是花能夠聽得懂你的話、瞭解你的心意嗎？」這位美女的確對蘇格拉底方法學得很到家，當她認為第一個問題的答案，有可以爭議的地方，會從另外一個角度提出新的問題。

現在我們常用「解語花」這個詞來描寫一個聰明美麗的女孩子，就是出自這首詞。

這首詞中的檀郎是指中國歷史上的美男子潘安，小字檀奴。據說，當他坐車外出的時候，他的粉絲把水果丟到他的車上，讓他滿載水果回家，有「擲果盈車」的說法，後代的女子也用檀郎來稱呼所愛的人。

「蘇格拉底方法」不限於學生問老師答，所以老師也會問，學生也會問，對話的兩個人都會互相問，所以，用問題來回應別人的說法，指出別人說法的盲點和錯誤，也可以算是蘇格拉底的方法。

《韓非子》裡有個故事，有一個賣長矛和盾牌的人，誇說自己的長矛非常鋒利，能夠刺穿任何盾牌。隨後又誇說自己的盾牌非常堅固，不會被任何長矛刺穿。然而，旁邊有一個人問他，如果用他的長矛來刺他的盾牌，結果會是怎麼樣呢？也就是「以子之矛，攻子之盾，何如？」這就是用問題來指出論證的錯誤。

另一個大家都很熟悉的故事，是有關五祖弘忍大師要選擇接班人的故事。佛教禪宗的五祖弘忍大師，要選擇一位接班人，有位神秀大師，品德很好，佛法也很精通，

他在大家面前唸了一首佛偈：「身如菩提樹，心如明鏡台，時時勤拂拭，莫使惹塵埃。」講出時常努力修身和修心的重要。

那時，旁邊有個在磨坊裡舂米的慧能，聽了後接著唸一首偈：「菩提本無樹，明鏡亦非台，本來無一物，何處惹塵埃？」比較起神秀大師把身和心看成需要常常照顧的實體，慧能更超脫了這個境界，慧能以「本來無一物，何處惹塵埃？」指出神秀大師還沒有達到的境界，五祖後來就把位置傳給他，就是六祖慧能大師了。

我們將蘇格拉底方法推而廣之使用，發現另一個特色，就是用問題來回答問題，也就是「反問」的意思。例如《四季紅》這首歌的歌詞，就很有意思。

（合）春天花當清香，雙人心頭齊震動，
（男）有話想要對妳講，不知通也不通，
（女）叨一項？
（男）敢也有別項？
（女）肉紋笑，目睭降，
（合）你我戀花朱朱紅。
（合）夏天風正輕鬆，雙人坐船耍遊江，
（男）有話想要對妳講，不知通也不通，
（女）叨一項？

（男）敢也有別項？
（女）肉紋笑，目睭降，
（合）水底日頭朱朱紅。
（合）秋天月照紗窗，雙人相好有所望，
（男）有話想要對妳講，不知通也不通，
（女）叨一項？
（男）敢也有別項？
（女）肉紋笑，目睭降，
（合）嘴唇胭脂朱朱紅。
（合）冬天風真難當，雙人相好不驚凍，
（男）有話想要對妳講，不知通也不通，
（女）叨一項？
（男）敢也有別項？
（女）肉紋笑，目睭降，
（合）愛情熱度朱朱紅。

歌詞中，男的問：「有話想要跟你講，不知道可以不可以？」女的問：「講什麼呢？」男的問：「難道還有別的嗎？」

有時候，用問題來回答問題，等於是不回答，但有時候又等於是負面的回答。例

如：「你愛我嗎？」「你說呢？」；「老闆，我下個月可以加薪水嗎？」「以公司目前的狀況、和你的表現，你覺得你應該加薪水嗎？」

「蘇格拉底方法」是常用且有效的教學方法，尤其在法律和心理分析等領域，更是被廣泛的使用。

第21堂課

見招拆招，以牙還牙

愛爾蘭文豪蕭伯納才華絕世但其貌不揚。有一次，他遇到年輕貌美的舞蹈明星鄧肯女士，鄧肯很崇拜他，興奮地對他說：「假如我們結婚生一個小孩，有你的頭腦和我的容貌，豈不是很美妙？」蕭伯納回說：「假如我們的小孩，不幸有我的容貌和你的頭腦，那怎麼辦？」

不久前遇到一位好朋友，她是位女董事長，年輕聰明、活力十足。她問起我的近況時，我半帶抱怨，半帶自豪的說：「近來雜事的確很多，我的祕書說我是一個七十歲的人，過著兩個三十五歲人過的生活。」她不加思索的回答：「我倒擔心我的祕書會說，我是一個三十五歲的人，過著半個七十歲人過的生活。」反應那麼快，真令人佩服，拍手叫好。

在語言文字上，針鋒相對，以子之矛，攻子之盾；見招拆招，以牙還牙；在《莊子》〈秋水〉篇裡，講到莊子和惠子在河邊散步看魚，看了半天，莊子說：「魚游甚樂。」（魚游在水裡，非常快樂）惠子問：「子非魚，安知魚之樂？」（你又不是魚，你怎麼知道魚的快樂呢？）莊子反問：「子非我，安知我不知魚之樂？」（你又不是我，你怎麼知道我不知道魚的快樂呢？）

孔融是東漢末年聲名卓著的才子，他和陳琳、王粲等人並稱「建安七子」。他小時候就嶄露過人的聰明和機智，大家唸過《三字經》，裡面就有「融四歲，能讓梨」，說他小小年紀，才四歲就願意把梨讓給哥哥和弟弟吃。有一次，有個大官聽到別人對孔融的讚美，很不以為然，他說：「小時了了，大未必佳。」，「了了」就是聰明伶俐的意思，這位大官說小時候聰明伶俐，長大了不見得會有什麼了不起；在旁邊的孔融聽了接口回應：「想君小時必當了了。」（想您小的時候，一定是聰明伶俐）。

愛爾蘭文豪蕭伯納（Bernard Shaw），才華絕世，可是長得又高又瘦，加上鷹鈎鼻，其貌不揚。在一個宴會上，他遇到年輕貌美的舞蹈明星鄧肯女士(Isadora Duncan)。鄧肯表達對蕭伯納崇拜之餘，很興奮的說：「假如我們結婚生一個小孩，有你的頭腦和我的容貌，豈不是很美妙？」蕭伯納回應說：「假如我們生的小孩，不幸有我的容貌和你的頭腦，那怎麼辦？」

以前英國首相邱吉爾（Winston Churchill），口才非常好。在眾議會裡，有一位常常和他脣舌交鋒的議員愛絲特女士(Lady Nancy Astor)。有一天，這位女士又冒了火，衝著邱吉爾說：「假如你是我的老公，我一定會在你的咖啡裡撒一把毒藥。」邱吉爾回應說：「假如你是我的老婆，我一定會把這杯咖啡一口氣喝光。」

有一次蕭伯納的一齣劇本上演，他把兩張首演門票寄給邱吉爾，附上一張短箋，上面說：「附上首演門票兩張，邀請您和您一位朋友蒞臨，假如您有任何朋友的話。」邱吉爾把門票退回，也附上一張短箋，上面寫著：「因為有事，沒辦法參加您的首場演出，請改寄第二場演出的門票，假如這齣戲還會上演第二場的話。」

馬克吐溫（Mark Twain）是美國的名作家。大多數美國人都是幾百年前歐洲移民的後裔，很喜歡花時間追溯整理族譜。有一次一個法國人嘲笑馬克吐溫說：「美國佬的毛病是，愛花力氣去斷定你們的祖宗是誰。」馬克吐溫回說：「法國佬的毛病是，得花力氣去斷定你們的老爸是誰。」

我在一九九八年到清華大學工作前，跟清華沒什麼淵源。十多年前，我第一次到清華訪問，當時的校長劉兆玄先生請我吃飯，我想拉點關係，就跟劉校長說：「一九五六年清華成立原子科學研究所，第一屆招生，我通過了入學考試，獲得錄取，可惜當時沒有報到入學，後來就當兵出國了。」劉校長笑笑說：「是啊！你看李遠哲院長在一九五八年，考取清華第三屆的原子科學研究所，他報到入學，後來就得到諾貝爾獎了。」我說：「報告校長，我想即使當年我報到入學，也沒有可能得到諾

貝爾獎，不過，至少我會有一位得過諾貝爾獎的學弟了。」這也算是我的一個遺憾。

不論是蕭伯納、邱吉爾、馬克吐溫都是公認的幽默大師，我們常用到「幽默」這個詞，這是林語堂先生翻譯英文「humor」這個字時，而創造出來的一個詞。嚴格來說，中文裡沒有一個完全和「幽默」這個字相應的詞，它常有滑稽、逗笑、風趣、俏皮、機智的味道，但並不是大笑，不是狂喜，不是胡鬧，不是搗亂，格調比較高，品味比較雅。幽默的語言和文字，用起來就像高手過招，高來高去，綿裡藏針，不著痕跡，借力使力，四兩撥千斤，點水踏波，分花拂柳，妙在其中。

在字典裡，「humor」還有另外一個意思。差不多在公元四百多年前，希臘人以醫學的觀點指出，人的身體是由四個液體組成，這四種液體統稱為四個「humor」，它們就是血、痰、黃疸汁跟黑膽汁。這四種液體跟空氣、泥土、火跟水有一對一的對應，跟快樂、憤怒、心平氣和與憂鬱也有一對一的對應；可以說是公元四百多年前希臘人在醫學上對人體的一個解釋。

我覺得幽默有兩個層次。第一個層次當然是文字語言上的風趣和機智，很多人都問：「幽默感是不是可以培養的？」我的答案是：「毫無疑問」，幽默感是可以培養的，幽默的文字和語言，來自對詞語深刻的瞭解和靈活的運用，多讀、多想、多講、多寫慢慢就會成為一位幽默大師。

不過，除了文字語言上的幽默感外，我覺得更高層次是心態上的幽默感，就是一份用輕鬆的微笑，來看待事情、看待人生，成功和失敗都可以一笑置之。心態上的幽默感是含蓄包容，對不同的意見，跟相處不來的人都可以輕輕地推開；心態上的幽默感是不必為任何事情生很大的氣，不會為任何事情做過分的擔憂；心態上的幽默感是把你身旁的人和物，都看得非常有趣、可愛。

幽默就像中藥裡的甘草，什麼藥方子裡都會有它，雖然它不見得有什麼治療的功效，但可以幫病人把苦的藥喝下去；幽默就像西藥裡的阿斯匹靈，它可以治療輕微的頭痛，最低限度，讓你心理上覺得吃阿斯匹靈可以安心的睡覺；幽默就像口香糖，不太甜也吃不飽，但是如果你咀嚼它，可以咀嚼上一兩個鐘頭；幽默就像桌上的花生米，在主菜前吃上幾顆，吃不飽但是吃了一顆又想吃一顆；幽默就像一杯花茶，有點香不太濃；幽默就像女人首飾裡的別針；幽默就像男人西裝上衣胸前口袋裡的白手帕；沒有幽默你當然可以活下來，但有了幽默你的生活裡會多一份樂趣、多一份輕鬆。

第22堂課

「青菜」原來很「隨便」

台語裡「青菜」是「隨便」的意思。「青菜」是「請裁」二字的轉音，「請你裁決」，是非常古雅的說話。「裁」就是決定，「請你裁決」，更讓對方覺得有權力和威嚴。也有人說那是「請採」二字的轉音，是「採」納建議的「採」，也是選擇的意思。

語言是人類表達和溝通的工具，語言的發展和演變過程複雜又有趣，而歷史、地理、社會、文化的發展和演變，對語言都有很大的影響。

那麼，什麼是語言（language）呢？語言有一套符號（symbols），這套符號是文字或聲音，甚至是手勢和動作，還有一套規則，那就是文法。文法能規範如何將這些符號連接起來，成為句子、段落，來表達思想和理念。

原則上，不同的語言有不同的文字規則、聲音和文法，中文、英文、阿拉伯文很明顯都是不同的語言，它們的文字文法都大不相同。但是像瑞典文、丹麥文和挪威文，雖然是很相近的語言，仍被稱為不同的語言。

什麼又是方言（dialect）呢？在語言學上，語言和方言間的分別，沒有非常清晰明確的定義。

一個說法是，一個語言由於時間和空間的不同，演變成一種或者多種不同的方言；換句話說，方言是一個語言的變種，這是合理的定義。當然，這定義有個前提，就是原來的語言，已有悠久的歷史傳統，或已經是很多人都使用的共同語言，或有一個正式的機構單位負責建立維持它的標準。甚至有社會學家認為，有身份地位的人講的是語言，沒有身分地位的人講的是方言。

政治學家裡更有一句名言：「語言不過是有一支強大陸海軍的方言而已。」他的意思是，政治上強勢的地區講的是語言，弱勢地區講的，就被認為是方言了。中文把dialect這個字翻成方言，直接的解釋是地方、區域的語言；這不是不對，但是這個字比較廣泛的意義，是由一個語言演變出另外一個語言。

語言演變成方言，地方區域只是一個重要的因素，也有其他可能的因素。例如英文這個語言，有很多不同的方言，這些方言也有不同的分類，例如國際英文(International English)、英式英文(British English)、英國聯邦英文(Commonwealth English，當英國國力強大組成聯邦包括：加拿大、澳洲等地方演變出來的英文）、美式英文(American

English）、亞洲英文，（Asian English，包括在香港、新加坡講的英文）。

有個特別有趣的例子，新加坡雖然是個小地方，卻有四種重要的語言——英文、中文、馬來文、印度文，新加坡的英文方言，受到這些語言的影響，演變為有它特色的新加坡英語（Singlish）。

不過方言跟口音（accent）是有分別的。口音只是發音略有不同，方言是發音、拼字、用詞都有不同的地方。例如顏色，英式英文拼為colour，美式英文拼為color；「體格檢查」英式英文叫做body check，美式英文叫做physical examination。若再細分下去，英式英文又可以分為蘇格蘭英文、愛爾蘭英文等。

至於中文呢？正如前面所提到的，到底中文是一個語言並演變出所有的方言呢？還是一個語言系統（a family of language）？專家們到現在還沒有定見。

除了中文是相當複雜的系統之外，還有其他相似的例子，今天西歐國家的語言，由拉丁文開始，是經由羅馬帝國的傳播而來，例如，法文、義大利文、西班牙文、葡萄牙文、東歐的羅馬尼亞文、阿爾班尼西亞文都是源自拉丁文，稱之為羅馬語系（Romance Languages）。

中國文字是黃帝時代倉頡發明的，雖然考古學家發現，在黃帝之前，已經有用來記事且具文字性質的符號，傳說倉頡從獵人處學到，從動物的蹄印可辨認動物，而開始以圖形來代表事物，也就是象形字的開始。

當然文字語言是不斷的演變，在字形字體方面，中文從甲骨文、金文、篆書、隸書演變到楷書、行書、草書，到今天所講的繁體字、簡體字，這包括字的結構和同一個結構有不同書寫的方法；在用字造句方面，由古文演變到白話文，甚至到今天的火星文。

在發音方面，有各地區不同的方言，目前大家都認同中文以標準官話(Standard Mandarin)作為標準的發音，在台灣叫做「國語」，在大陸叫做「普通話」，在新加坡叫做「華語」，也是官方語言之一。

官話（Mandarin）這個字是怎麼來的呢？原來是葡萄牙人發明的。明清時代，當葡萄牙人來到中國，他們從梵文（Sanskrit）創造出Mandarin一字，代表朝廷上的官，後來朝廷上官員講的話就叫做「官話」。

現在國語以北京話為基礎。我曾聽過一個野史，民國初年，政府為了統一全國語言，由委員會投票選定一種方言作為國語，結果廣東話以一票之差落選，真是可惜！

中文裡也是有很多不同的方言，分類也有許多不同的方法，不過最通用的是把中國方言分成七大類：第一類是官話，這包括了標準官話、北京話、山東話、南京話、哈爾濱話、成都話，也有人把山西的晉話包括在內。

第二類是贛話，贛就是江西，包括南昌話。

第三類是吳語，吳是周朝的諸侯國，在江蘇南部一帶，包括：上海話、寧波話、蘇州話，也有人把安徽的徽語包括在內。

第四類是客家話，客家話源自河南、山西遷移到南部廣東，福建一帶發展出來的方言。

第五類是閩話，閩就是福建，這包括：台灣話、福建話、潮洲話、廈門話，還有海南島附近的海南話。

第六類是湘語，湘就是湖南，包括長沙話、衡陽話。

第七類是粵語，粵就是廣東，這包括：廣州話、中山話、順德話、台山話等。

方言的發展，受到歷史、地理、文化、社會的影響，站在語言學研究的觀點，可以找到許多重要的例子，幫助我們瞭解一個地區政治、經濟、文化、社會的發展。

任何一個方言，我們可以檢視它用字、造詞和發音這三個層面，有時候是先有字後有音，有時候是先有音再倒過來找字。對台語而言，除了自己創作的字詞和音之外，還受到原住民的山地話、福建話、客家話、廣東話、中國古文和日文、甚至西班牙文、法文的影響。例如：

在台語裡，「青菜」是「隨便」的意思。朋友請你吃飯，問你要點什麼菜，你會說：「青菜！青菜啦！」當然你並不是要點菠菜、豆苗或小白菜，你是說隨便好了。「青菜」是「請裁」二字的轉音，「請你裁決」，這是非常古雅的說話。「裁」就是決定，「請你裁決」，更讓他覺得有權力和威嚴。在中文裡，裁示、裁決、裁判，都有決定選擇的意思。

但是，對「青菜」來自「請你裁決」這個詞，有人又另有意見，有人說那是「請採」二字的轉音，就是採花、採茶、蜜蜂採蜜、採取樣本、採納建議的「採」，也都是選擇的意思。王維有一首小詩：「紅豆生南國，春來發幾枝，願君多採擷，此物最相思。」當你看到紅豆的時候，要記得「青菜、青菜」。

在台語裡，妻子是「家後」或者「牽手」，我們大男人在別人面前稱呼自己的妻子時，常常說「我的太太」；嚴格來講，這是錯誤的，太太、夫人都是尊稱，稱別人妻子為太太、夫人是對的，但不能稱自己的妻子為太太或夫人；稱「我的老婆」卻有一點粗俗不文雅的感覺，不過也另有親切感。

比較斯文的人會說「我的內人」，這源自「男主外、女主內」的古老封建思想；至於「賤內」，把妻子說成卑賤的人，那更是要不得；更文縐縐的人會說「拙荊」，拙是笨拙，荊是荊棘，用荊棘的枝來做別頭髮的釵，表示貧寒、樸素。現代人如果說自己的妻子又笨又窮，實在是要不得；稱「我的黃臉婆」、「我家裡做飯的」，更是對妻子大不敬，回家要挨罰的；稱「我孩子的媽」，在現代、尤其是西方社會，有含糊不清楚、引起誤解的可能。

台語裡的「家後」，是指妻子住在大戶人家、四合院後面廳房裡的意思；湖南人、四川人，稱妻子為「堂客」，「堂客」是家中客廳的主人。有一次宋楚瑜先生帶著夫人陳萬水回湖南老家，他牽著夫人的手，激動的用湖南話說：「我帶著我的堂客回來了！」不懂得湖南話的人，還以為他帶著他的坦克車回來了。

二、三十年以前，大陸流行稱呼自己的妻子為「我的愛人」，雖然說愛是恆久忍耐，但對上了年紀的人，這個稱呼難免有點肉麻的感覺。

其實，台語裡「牽手」是最好的選擇，牽手既有親密、又有互相提攜照顧的意思，多年前蔣經國先生就十分提倡這個名詞。詩經裡的名句：「執子之手，與子偕老。」不也正是「牽手」的意思嗎？西方文化也不讓我們專美於前，披頭四（Beatle）就有一首歌叫做《I Want To Hold Your Hand》。

第23堂課

「臭鼬」到台灣變「摃龜」

我們常說大樂透一連三期「摃龜」沒人中獎。「摃龜」一詞的來源，有一種說法是「摃」就是「貢」，就是把東西送給皇帝，古時候烏龜被看成神物，非常珍貴，把烏龜進貢給皇帝，通常「有去無回」。考古學家發現，在殷墟的龜甲殘片上，刻有「某某貢龜十隻」字樣。

前面我們談到台語的文字和詞彙，台語詞彙有自創的，有源自原住民語言、古文、福州話、廣東話，甚至日文、法文，這的確就是語言演進的結果。有些例子有明確的依據和出處，有些也有若干推測猜想的成分，不必把它們都看成權威的學術裁定。

台語裡「摃龜」就是落空、掛零、沒有結果。我們常說大樂透一連三期「摃龜」，那就是一連三期沒有人中頭獎；也會說這次金鐘獎幾位熱門的提名者都「摃龜」了。

「損龜」這個詞的來源有兩種說法：一種是「損」就是「貢」，就是把東西送給皇帝，古時候烏龜是非常珍貴的東西，甚至被看成神物，把珍貴的烏龜進貢給皇帝，皇帝認為是理所當然的事，所以通常是「有去無回」，收貢的人囊袋飽飽，進貢的人卻兩手空空回來，這就是「損龜」這個詞的來源。考古學家還發現，在殷墟的龜甲殘片上，刻有「某某貢龜十隻」的字樣。

「損龜」這個詞的來源，還有另一種說法，在英文裡，「skunk」指的是臭鼬，也有比賽零分落敗的意思，譬如說Our team was skunked.（我們的球隊以零分落敗）。日語裡採用「skunk」這個字作為外來語，發音為「スカンク」（su kan ku），但是開頭的S聲音比較輕，失傳之後，傳到台灣就變成「損龜」了。

「西北雨」是指下午的陣雨，不一定是從西北方來的雨。在台灣尤其在夏季，天氣炎熱，陣雨來得快去得快，雨勢急，雨點大，叫做「西北雨」。「西北雨」有兩種可能的解釋，一是「西北雨」從古語「夕暴雨」轉音過來，夕就是黃昏，暴就是突然而來，指下午突然來的暴雨；另一說是「西北雨」從「灑潑雨」這個詞轉音而來，描寫大雨從天而降，灑下來、潑下來、又急又快。如果，你接受這個解釋，那麼「三八」這個詞，也可以解釋為「灑潑」的轉音。

人其他的例子，像鳳梨、芒果來自原住民語，麵包來自法文，但是麵包在日文也叫「Pain」，可能是法語轉日語再轉成台語。

肥皂是法文轉音而來，不過，肥皂在北部叫做「沙文」，在南部叫「茶箍」，

「箍」是圓而扁平形狀的東西，源自用鐵箍把豆子或茶子，箍起來成為圓而扁平的形狀，再用機器來壓榨。

茶子榨過茶油後，剩下來的渣是傳統用來清潔的材料，早年肥皂傳入台灣時，鄉下人嫌「沙文」唸起來不順口，因為肥皂的功能和茶箍一樣，就把肥皂說成「茶箍」。

台語「企」就是「站」，小學生被老師「罰站」就是「罰企」，這跟廣東話一樣，「企」就是「站」，「罰企」就是「罰站」。

另外，台語「衫」是衣服，廣東話也說「衫」，不說「衣服」。

有個笑話是這樣說的。據說唐伯虎畫了一張八仙過海圖，鐵枴李、呂洞賓、何仙姑……等，八位神仙在海邊等著過海，大家都很無聊，鐵枴李擲骰子打發時間，畫裡他擲了三顆骰子，兩顆已經停下來都是六點，第三顆骰子還在旋轉，鐵枴李非常興奮的張口大叫，這張畫畫得很好，每個人物都栩栩如生。

唐伯虎正得意時，旁邊有個人跟他說：「唐解元你這幅畫畫錯了，不值錢，不如把它毀了。」唐伯虎問：「為什麼？」那個人說：「鐵枴李在擲骰子，兩顆已經是六，他當然希望第三顆也是六，所以，他一定在叫六、六、六，但是六是閉口聲，你怎把他畫成張口大叫呢？」唐伯虎說：「你書沒讀好，鐵拐李當然希

望第三顆骰子也是六，但他是閩南人，所以，他大叫六、六、六，六是開口聲呀！」

台語「搓圓仔」是指私底下協調，把事情擺平，謀取共同的利益，通常有一點私相授受、不光明正大的意思。圓仔也叫湯圓、元宵，搓圓仔就是用雙手把圓仔搓成圓球形，大家馬上想到「搓」這個動作就是有謀合、調整、圓滑的把事情協調好的意思。

其實，這不是「搓圓仔」一詞的原來出處。在日文裡圓子叫做團子，團子的發音是「dan go」，和日文「談論」表示協調、協談的意思發音一樣，所以在日文用「團子」暗指「談合」，因為圓仔是一個名詞，我們加了一個動詞「搓」字，搓圓仔就變成一個動作行為了。

「白賊」是說謊，為什麼呢？在古書中，白是「空的」意思，如白手起家、白吃、往來無白丁，所以「白賊」就是沒有偷東西或偷不到東西的賊，那就是只能夠用嘴來騙人了，「白賊」就是說謊。因此「白目」可以說是「有眼無珠」。

「不知道」是「莫宰羊」，很多人都解釋為不要殺羊，那是不通的。「不知道」說得比較古雅就是「不知也」，「不知」也轉音成「莫知也」，也就是「莫宰羊」。

至於「沒有辦法」，那是「莫法度」，「法」是法規、方法，「度」是剃度，所以，「莫法度」也是古雅的說法。

在台語裡，「七逃」是玩耍、也有一點閒蕩的意思。劉德華的「世界第一等」這首歌裡，就有「短短的光陰，七逃著趁少年時，求名利無了時，千金難買好人生。」

「七逃」這個詞怎樣來的呢？有好幾個相似的解釋，一是古文中的「跌蕩放言」，這句話裡「跌蕩」這個詞就是行為放縱之意；另一個說法是：古文中的「風流倜儻」，「倜儻」兩個字是自然、瀟脫、優雅、不受拘束。「七逃」也是一個從音造字的好例子，「七逃」原是「𨑨迌」，形容閒遊的人讓光陰虛度。

廣東話也有從音造字的例子。例如，有就「有」，沒有是「冇」（跟台語「莫」差不多），如果「有」字只拿中間的一點，留下一點，那就是有一點的意思了。

在台語裡，稱讚男子面貌英俊，多用「煙投」這個詞。有一句諺語：「一日剃頭，三日煙投。」好好把頭髮剪一下，可以好看三天；又一說一個男子能夠吸引女性的條件是：「一銀二緣三煙投四少年。」首要條件是錢，其次是緣分和機會，第三是長得英俊，第四才是要年輕，在報上看到一些上流社會的花邊新聞，更加領悟到這句話的道理。

到底「煙投」這個詞是哪裡來的呢？那當然不是抽煙用的煙斗，一種說法是「煙投」是「緣投」這個詞的轉音，但是這個說法有一個瑕疵，它並沒有直接點出英俊瀟灑的特質。

另一種說法是「煙投」是「沿投」這個詞的轉音。中國歷史上最有名的美男子是西晉時候的潘安，據說當他坐車外出的時候，覺得他長相很好的女性們，尤其是老太太們，為了表示對他喜歡和仰慕的心意，把水果丟到他的車上，古時候，男性

負責打獵，女性負責採野菜和果實，所以女子用投擲水果來表示愛慕之意。這就是「沿街投果」這個典故的出處。「沿街投果」縮短為「沿投」。

用現代的語言來說，潘安是一個喜歡拉風的師奶殺手，潘安除了長相很好之外，他的文才也相當好，而且對他的夫人也是一往情深，他夫人去世的時候，潘安還為她寫了三首有名的悼亡詩。

第24堂課

從師奶殺手談語言的多樣性

在餐館吃完飯，會告訴服務生「埋單」。很多人以為「埋單」的「埋」，是買賣的「買」，就是用錢把帳買回來，這是非常勉強的解釋，其實「埋單」的「埋」，是「埋葬」的「埋」，是結束的意思，跟結帳的「結」字用意相同。

之前，長得很帥的韓國明星裴勇俊到台灣來，轟動一時，他的「粉絲」跑到機場、跑到晚會上，非常熱烈的歡迎他。大家常用「粉絲」這個詞，是從英文fans翻譯過來的。有人會問，英文fan就是扇子嘛！是誰變魔術把「扇子」變成「粉絲」了？

在英文裡，fanatic這個字是來自拉丁文，原指對宗教的深信和狂熱，後來演變成對一個人、一個東西、一種活動的熱愛。fanatic縮寫成fan就是歌迷、球迷、戲迷。有人又會提出fans是複數，是歌迷們，所以假如說「我是裴帥的粉絲」，在英文文法上是錯誤的，應該說我是裴帥的「粉」，或我是裴帥的粉絲之一。

其實，這樣據理力爭，有點矯枉過正，因為這就是語言文字活的地方。外來語的本土化是常見的，也很有趣。不過，英文、法文還有很多語言文字，單數和複數必須分得很清楚，但中文裡單數和複數的分別是模糊的。例如，說「清華的學生都很可愛。」就夠了，很少人會說清華的「學生們」都很可愛。

因此，講英文時要特別注意，因為中文沒有習慣把單數和複數區分開來，講英文漏掉了名詞後面的s，也許會顯示你沒有用心，也許會引起內容上的誤會。例如，我有兩本書，英文若說成I have two book. 很明顯是文法上的錯誤，應該是I have two books.。假如你說I lost my book（丟掉一本書），和I lost my books（丟掉二本書或者是幾本書）那個意義就不同了。

現代中文裡，常常出現英文的字和詞，而且很多都是音譯，像「粉絲」就是音譯的例子，公共汽車「巴士」是bus，計程車「的士」是taxi，那都是直譯的。Butter，國語是奶油，因為是從牛奶製造的；廣東話是牛油，因為是從牛身上來的；北京話則是黃油，因為是黃色的；在上海話是白脫油，「白脫」就是音譯，但又多了一個不必要的「油」字。

另外，cement，國語叫水泥，因為把水加進去，混合起來就變成泥土了，也叫士敏土，那是音譯；廣東話叫紅毛泥，紅毛是指外國人，紅毛泥就是從外國來的泥土，台語則叫控固力，是concrete的音譯，在日文裡水泥也叫控固力。

同樣是音譯，把Coke Cola翻成可口可樂，可說是神來之筆，喝杯可口可樂既可口又可樂。talk show音譯為脫口秀，很不錯，talk就是脫口而出的意思。shopping音譯為血拚，也是蠻有創意的，把賺來的血汗錢拚掉了。在日文裡，大出血是大減價的意思，不過是表示店老闆大出血？還是顧客荷包大出血呢？那就不得而知了。

有時候，我們也會用中文的思維去說英文而鬧出笑話，例如，有一位女同學去美國留學，她的老師為了歡迎她，就請她到家裡吃晚飯，這位同學鄭重其事，打扮得很漂亮到老師家去，一進門老師眼睛一亮，也是為了禮貌就說：「You look beautiful tonight.（妳今天晚上看起來真漂亮！）」這位同學依中國人的習慣，也客氣一下，當人家說：「哎呀！妳真是漂亮呀！」我們常會說：「哪裡，哪裡！」，所以她就回說：「Where, Where!(哪裡，哪裡！)」老師覺得有點奇怪，我說妳漂亮，妳還要盯到哪裡漂亮，這位洋教授的反應也非常快，他說：「Everywhere, Everywhere!（每一個地方都很漂亮。）」

前面我們提到，由於裴帥的粉絲有很多是師奶，因而有「師奶殺手」的外號，我相信「殺手」這兩個字，是由英文Lady killer這個詞來的，是指一個人英俊迷人，得到女士們傾心，但是他倒有一點「流水無情」。

有一部一九三三年的美國電影，片名就叫「Lady killer」，那是James Cagney演的鬧劇，後來在一九七二年又有

一部「Lady killer」的電影，不過是一部恐怖電影。「師奶」是指中年婦人，我相信它是來自廣東話。原來是指老師的太太，是一個尊敬的稱呼，後來廣義的泛指中年的歐巴桑。你可能不知道「二奶」一詞，也是來自廣東話，就是指第二個太太。

語言文字的確是活的，在台灣講國語，許多英文、日文、閩南話、客家話、廣東話的詞彙都會摻雜使用。舉幾個從香港來的廣東話的詞彙，例如：在餐館吃完飯，會告訴服務生「埋單」，那是結帳的意思。我問過好幾個朋友，他們都以為「埋單」的「埋」，是買賣的「買」，那就是用錢把帳買回來，這是非常勉強的解釋，其實「埋單」的「埋」，是「埋葬」的「埋」，是結束的意思，跟結帳的「結」字用意相同。在英文裡也有close the tap的說法。

「鹹魚翻生」表示死裡逃生、敗部復活，「鹹魚」是用鹽醃過的魚，「翻」是重新再來的意思，「生」是活的意思，「鹹魚翻生」就是死了的魚重新活過來，就是死裡逃生、敗部復活。但是很多人把這個詞聽成「鹹魚翻身」，以為跟睡覺的時候翻身、地牛翻身一樣，是身體翻轉過來的動作，雖然一條死掉的魚能夠翻身，也可以解釋為死裡逃生，但是正確的來源是「鹹魚翻生」，醃過的魚重新活過來。

當我們講一場比賽或者一個選舉是五五波，表示競爭的雙方有同等獲勝的機會；香港人當兩個球隊勢均力敵時，沒辦法預估哪一隊贏面較高，就會說是「五五波」，五五是英文fifty fifty，「波」就是球(ball)，所以「打波」就是打球。

「波」讓我想到一個小故事，有一次蘇東坡和王安石聊天，王安石說「波」這個字是代表水的皮，因為「波」字三點水旁邊有個皮。但是蘇東坡馬上頂回去，那麼「滑」這個字，水字旁一個骨，那代表水的骨頭嗎？

我們到餐廳用餐，大都有「代客泊車」的服務，泊車就是停車，這讓我想起杜牧的「煙籠寒水月籠沙，夜泊秦淮近酒家」，當年杜牧可以泊船在秦淮河上，今天我們也可以泊車在光復路邊，這個是有點不同的「船」，泊車來自park car，想到泊船跟泊車，異云同歸，的確是很妙。

第25堂課

從「三」和「打」談中國文字的趣味

「打電話」不是要把電話打個稀爛；「打電報」是發電報；計算規畫就是「打算盤」；「打火」要用打火機；「打毛線」是編毛線；「打魚」是捕魚；「打歌」是推銷新歌；「打麻將」是玩麻將；「打車」是乘車、引申為「打的」就是「乘的士」。

中國的數字和文字有些有趣的關聯。「三」是個很有趣的數字，「三」常常代表很多、相當充分的數目；劉備「三顧茅廬」、大禹治水「三過家門而不入」、「孟母三遷」。劉備為了邀請諸葛亮出來，去他的茅廬拜訪很多次；大禹為了治水，路過家門很多次都沒進去看太太、小孩；孟母為了替孟子找個好學區，更是把戶口搬來搬去很多次。

此外，周公曾說：「一沐三握髮，一飯三吐哺，起以待士，猶恐失天下之賢人。」顯示周公為了網羅天下有才華的人，即使是正在洗澡，也要停下來很多次，把頭髮束起來，當然也要把衣服整整齊齊的穿上，出來見人；吃一頓飯，要停下來很多次，跟求見的人見面。

當然，很多次不一定真是三次，還有，「三思而後行」、「一日不見如隔三秋」、「三生有幸」、「舉一反三」都是用「三」代表很多的意思；聖經上說耶穌被抓起來的前一個晚上，彼得三次不認耶穌，也就是說他被逼問了很多次，都不肯承認他認得耶穌。三個「木」字就是森林的「森」字，三個「日」字就是亮晶晶的「晶」字，也都是用「三」來代表多的意思。

但是，「三」也可以用來表示一個少的數目，「三寸金蓮」那是很小的腳，「天無三日晴、地無三里平、人無三分銀」代表荒僻窮困的地方，天也不晴、地也不平、人也沒有錢。「三言兩語」就是少說廢話。耶穌經過三天之後復活，都是用「三」來代表不多的意思。

「三」也可以代表適當、不多不少的數目，例如，酒過三巡、三鞠躬、三跪九叩，都是表示非常適當的禮儀。孔子說：「三人行必有我師」；科舉考試取狀元、榜眼、探花三名，假如，考試只取狀元一名，那就太少。運動比賽的時候，給金牌、銀牌、銅牌三名，假如除了這些，還有木牌、紙牌，那就太多，也就不值錢了。打棒球時有「三振出局」，假如我們用「一振出局」作為規則，對打擊手是不公平的；假如我們用「九振出局」作為規則，是對投

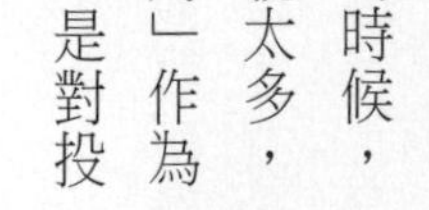

手不公平。我們一天要吃三頓飯，不要多吃，也不要少吃。

在文學上，北宋張先被稱為張三中，因為有人讚賞他的詞，說他能夠道出：「心中事」、「眼中淚」、「意中人」，他也被稱為張三影，因為他寫過：「雲破月來花弄影」、「嬌柔懶起，簾壓捲花影」、「柳徑無人，墮風絮無影」這三句名句。

有一個笑話和三個願望有關。

有個人和太太在沙灘散步撿到一個瓶子，他們把瓶子打開，一個小精靈跳出來，他說：「我被關在這瓶子裡幾百年了，你們把我放出來，為了感恩，我要送你們三個願望，你們要什麼就可以得到什麼。」

先生一聽脫口而出：「我好久沒吃香腸了，真希望有一根香腸吃。」話未說完，一根香腸就出現在他的面前了，他的老婆看了，氣得不得了，她說：「你怎麼笨到這個程度，把一個好好的願望浪費掉，去要區區一根香腸，我真希望這根香腸長在你的鼻子上。」話沒說完，這根香腸就跳到先生的鼻子上去了。

這時兩夫妻面面相覷，知道他們沒有任何選擇，只好用第三個願望把香腸從先生的鼻子上拿下來。

請問：你看完這個笑話笑了幾遍？一遍？二遍？還是三遍？有人說，講一個笑話給學文學的人聽，他會笑一遍，因為他一聽就懂，覺得很好笑就大笑了；假如講一個笑話給學數學的人聽，他會笑二遍，因為當你講的時候，他聽不懂但是很有禮貌的笑一笑，當你解釋給他聽，他就懂了，哈哈大笑！如果講一個笑話給學法律的人聽，他會笑三遍，因為當你講的時候，他聽不懂但是很有禮貌的笑一笑，當你解釋給他聽時，他還是不懂但還是很有禮貌地笑一笑，等到晚上他回家上床睡覺時，突然領悟到這個笑話的趣味，又哈哈大笑！

不過，假如講笑話給學工程的人聽，他不但不笑，可能還會跟你說：「我聽過這個笑話，你完全講錯了，不值得一笑。」我們學工程的人，有時候未免有點硬邦邦，連笑一笑都得用公式來估計一下。

除了「三」，「打」也是一個很有趣的字。罵人用口，打人用手，也可以用巴掌、用拳頭；老師用戒尺打學生的手心，大官用竹板打犯人的屁股，薄情郎要用棒來打。小說《金玉奴》「棒打薄情郎」裡，金玉奴用來打薄情郎莫稽的棒，按照《射雕英雄傳》的記載，就是丐幫至高無上的信物，晶瑩碧綠的打狗棒。阿Q先生愛唱紹興戲，動不動來一句《龍虎鬥》裡的「手執丈鞭帳裡打」。有一首民謠「在那遙遠的地方」中的歌詞：「我願她拿細細的皮鞭，不斷輕輕打在我身上」。有一首宋詞說：「碎挼花打人。」小姐發嬌嗔時，還會拿花打人。

打人可以用手、用巴掌、用戒尺、用竹板、用棒、用皮鞭、用花，那麼用什麼來打動物呢？景陽崗上武松用碗大的拳頭去打老虎，《西遊記》裡孫悟空用金箍棒去打火焰山上

的牛魔王，豬八戒用釘鈀去打盤絲洞裡的蜘蛛精；打蛇用棍，因為打草驚蛇，打蛇隨棍上。再如，「打起黃鶯兒，莫叫枝上啼，啼時驚妾夢，不得到遼西」的詩句裡，用長長的竹竿，才能打到高枝上的黃鶯兒；「肉包子打狗有去無回」；而「老鼠過街人人喊打」也只是吶喊一番，不知如何打起？

但是「打電話」不是要把電話打個稀爛；「打電報」是發電報；計算規畫就是「打算盤」；「打火」要用打火機；「打毛線」是編毛線；「打魚」是捕魚；「打歌」是推銷新歌；「打麻將」是玩麻將；「打車」是乘車，引申為「打的」那就是「乘的士」；還有打瞌睡、打噴嚏、打氣、打針、打牙祭、打混、打迷糊、打通關、打卡。

其實，在這些詞彙裡，「打」都是「用著」、「使用」或者「做」的意思，跟英文的「do」這個字，有很相似的地方。do some exercises就是做運動、do me a favor幫我一個忙；「打」字跟日文裡「sulu」這個詞也有很相似的地方，體操「sulu」就是做體操，野球「sulu」就是打棒球，Kiss「sulu」就是打Kiss。在戰場上，打個你死我活，在球場上，打得落花流水；在交際場合，打屁、打手勢、打眼色還可以打情罵俏，甚至打得火熱；在商場上，打交道、打馬虎眼、打聽商機更得精打細算；在政治圈子裡，大官向小民打躬作揖、打點籠絡、打拚出頭；誹謗栽贓官司不得不打；打壓異己一定要一網打盡。

其他的還有，一打玫瑰有十二朵就來自英文dozen這一個字，打令是daring(愛人)，蘇打餅乾是soda packer，打狗脫是doctor(醫師)，那是很多年以前我從柏楊先生的雜文裡學來的。

不過，打油詩這個詞，又另有出處。據說唐朝有一位以打油為業的張師傅，人家叫他張打油，他興致來的時候，喜歡寫歪詩，風趣而通俗、不計平仄、不計韻律；這種詩通通叫打油詩。接下來我要用「打麻將」為題，打油一下，這首打油詩調寄李後主的〈虞美人〉，原來的〈虞美人〉是：

春花秋月何時了，往事知多少？
小樓昨夜又東風，故國不堪回首月明中。
雕欄玉砌應猶在，只是朱顏改。
問君還有幾多愁？恰似一江春水向東流。

我的這一首「打麻將」的打油詩是這樣的：

打吃碰槓胡不了，輸贏知多少？
上家死扣東南風，雙聽白板青發吊紅中。
絕張一餅應猶在，手氣真難改。
問君還有幾多籌？唏哩哇啦一直往外流。

這裡的「籌」是籌碼的「籌」。我應該就此打住，否則就是該打、該打了！

第26堂課

馬與罵的故事

「馬桶」一詞來自古時皇宮裡，用玉或者銅製成小便用的器皿，通常做成老虎的形狀，叫做「虎子」。到唐朝時，唐高祖李淵的祖父叫做李虎，為了避諱，把虎子改成馬子，再由馬子演變成馬桶。但為什麼是馬桶，而不是牛桶，羊桶呢？

小時候唸過一個繞口令：「媽媽騎馬，馬慢媽媽罵馬」。意思是，媽媽騎馬，馬走得太慢了，所以媽媽開口把馬罵了一頓。

馬自古以來，都和人類生活有密切關係。所以，馬和馬身體各部分，在口語和文字裡都時常出現。例如，服從領袖就應該「馬首是瞻」，因為古代打仗時，士兵看著主帥的馬頭方向，依照這個方向前進。

年紀大了，難免有「馬齒徒增」的感慨；馬有四十顆牙齒，會隨著年齡增加而加長，一直到馬的中年，約十歲才停止，「馬齒徒增」就是白活這些年了。聽而不聞，就像東風吹過馬的耳朵，那就是「馬耳東風」的來源。上文不接下文，指的是「牛頭不對馬嘴」。有些管不到，使不上力的事情就是「鞭長不及馬腹」是指馬鞭雖然長，也打不到馬的肚子，也就是「鞭長莫及」。

古代有一種遊戲，把馬裝扮成別的動物，在馬身上披上偽裝的外皮，卻沒有把馬腳遮住，那就是「露出馬腳」。另外，趕路的時候，「馬不停蹄」；不小心犯了錯，「馬失前蹄」；還有時髦的女性把頭髮紮成一條「馬尾巴」。

「拍馬屁」這個詞又是怎麼來的呢？在中國西北盛產馬匹的草原地帶，一般百姓人家都會養幾匹馬，在路上看到別人牽著馬路過時，常常會拍拍對方馬的屁股，隨口禮貌敷衍兩聲：「好馬、好馬！」搏取馬主人的歡心，這就是拍馬屁。跟我們今天見到朋友的小孩，摸摸他們的頭，連聲說：「真聰明，真聰明！」用意是一樣的。

馬和名人，時常相提並論。「有伯樂然後有千里馬」、「塞翁失馬焉知非福」，關雲長有赤兔馬，楚霸王有烏錐馬，李太白要用五花馬來換美酒，公孫策卻說：「白馬非馬。」

馬和其他動物也時常相提並論。「吹牛拍馬」、「做牛做馬」、「犬馬之勞」、「聲色犬馬」、「車水馬龍」、「龍馬精神」等。「指鹿為馬」指顛倒是非，混淆黑白；秦朝秦二世時，丞相趙高想造反，為了試驗朝中大臣有誰會對抗他，他把一隻鹿獻給二世，說：「這是馬。」二世笑著說：「丞相錯了吧？把鹿說成馬了。」問旁邊的人，有的不說話，有的說是馬，有的說是鹿，事後，趙高就暗中把說實話的人都殺了。

「心猿意馬」這個詞源自佛經，說心像猴子一樣，蹦蹦跳跳，躁動不安，像馬一樣奔跑不停。至於「馬殺雞」把馬和雞拉在一起，是英文按摩(massage)的音譯。這讓我想到一副對聯，上聯是：「人心不足蛇吞象。」下聯是：「物慾橫流馬殺雞。」用馬殺雞來對蛇吞象，真是妙極了！

馬和許多植物也時常相提並論，「好馬不吃回頭草」、「又要馬兒跑得快，又要馬兒不吃草」、「人無橫財不富，馬無夜草不肥」。「走馬看花」則來自唐朝孟郊的〈登科後〉：「春風得意馬蹄疾，一日看盡長安花。」「青梅竹馬」是來自李白的〈長干行〉，「郎騎竹馬來，遶床弄青梅」，這是描寫兩個從小就在一起玩的戀人。

「馬上」是立刻的意思，「下馬威」是新官上任的基本動作，「馬前卒」有點替死鬼的意味，「馬後砲」則是事後先見之明。「馬前卒」和「馬後砲」都是從象棋而來的俗語；還有「事急馬行田」，也是從象棋來的，正常狀況下，馬應該走的是「日」字，但是忙亂之中，卻走成「田」字了。

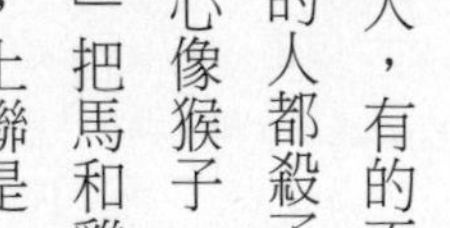

你有沒有問過，「馬桶」一詞的來源呢？原來古時皇帝皇宮裡頭，用玉或者銅製成小便用的器皿，通常做成老虎的形狀，所以叫做「虎子」。到唐朝時，因為唐高祖李淵的祖父叫做李虎，為了避諱，把虎子改成馬子，再由馬子演變成馬桶。有人會問為什麼是馬桶，不是牛桶，羊桶呢？我沒有辦法找出來源，但有個解釋是「馬」來自「紮馬蹲下」的姿勢，是否屬實，就不得而知了，就讓它馬馬虎虎的混過去吧！

至於「罵」就是用嚴謹的、強烈的、尖銳的語言去批評、攻擊、責怪別人。罵字上頭有兩個「口」字，就是指兩個人開口對罵，當然這是最常見的情形，一對一（one on one）舌劍脣槍、以牙還牙、你來我往、兵來將擋。但是，罵也有由上向下的罵，大老闆罵小職員，小職員口也不敢開。

罵也有由下向上的罵，老百姓罵大官，大官根本裝作沒有聽到。也有像開機關槍一樣，火力十足，橫掃八方，像是將軍罵小兵，老師罵學生。更有多方向，互相對罵，就像國會殿堂裡的委員們，同時開罵，不亦快哉。罵人也可以間接的罵，例如，指桑罵槐、指著和尚罵禿驢。另外，中國的國罵是三字經，美國的國罵是four letter word.

梁實秋先生有一篇很有名的小品文，叫做《罵人的藝術》。他開宗明義就說，古今中外沒有不罵人的人。讓我們問：「為什麼要罵人？憑什麼罵人？」

一個人罵別人，因為他覺得他是對的，別人是錯的，他代表正義和真理，別人代表邪惡和謊言，他本著理直氣壯的原則，所以他有立場、有原因，甚至有責任，臭罵那些牛鬼蛇神。

一個人罵別人，因為他知道自己是錯的，他是沒有道理的，但是他本著氣壯則理直的原則，只要能夠氣壯，自然就理直，我敢罵你，我怎麼可能是錯，就像去法院按鈴申告一樣，我敢去按鈴，犯了法的一定是別人，正如一句老話說：「惡人先告狀」、「先馳得點」既可以壯膽，也有掩飾遮蓋的功能。

一個人罵別人，因為他知道他有威權，或者要裝得有威權，有威權的人，不管是對是錯，不管有理無理，不論什麼時間，什麼地點，要想罵人，就可以開口大罵，反正他有威權，誰也不敢抗衡。

一個人罵人，因為他心情不好，受了委屈，滿肚子牢騷，用罵人來發洩、宣洩一下。「一哭二罵三上吊」，罵比哭份量更重，搞不好是上吊的前奏曲，而且假如罵了別人，別人的心情也會變得不好，起碼達到同病相憐的目的。

但是，我是一個工程師，站在現實理性的觀點，我不喜歡罵人。因為第一、我覺得罵人不是最有效的表達方式，當你有道理，可以有條有理的把道理說清楚，講明白；當你沒有道理，硬拗也沒用，就像一棟倒塌的大樓，你怎麼罵，大樓還是倒塌了。

第二、罵人是一件危險的事情，有作用必有反作用，罵人反被別人痛罵，甚至痛打，剃頭者人亦剃其頭，禍從口出，實在不值得。

第三、我覺得罵人的耗損太大，先講外耗，罵了人，總是傷感情，有時候這種感情和關係，可以彌補過來，但是得花很大的力氣，有時候這種感情根本無法彌補。讚美的話，別人不容易記得住；罵人的話，別人不容易忘記。

罵人的耗損，還有內耗，罵人時，自己先生氣，怒髮衝冠，血壓上升，甚至聲嘶力竭，全身發抖，罵完人總會有點過意不去、後悔的感覺，付出這個代價實在不值得。當我要發作罵人時，先作深呼吸，休息一分鐘，很多時候我就不想開口罵人了。

當我們被罵時，又怎麼辦呢？挨了罵，最重要的原則是不要生氣。上面講過罵人的原因，相對應的也有被罵的原因。也許因為我們錯了，被罵；也許因為別人錯了，我們被罵；也許因為別人有威權我們被罵；也許因為別人受了委屈，我們被罵；如果能夠瞭解被罵的原因，挨了罵就不容易生氣。

該改進的要改進，該檢討的要檢討，該化解的要化解，該一笑置之要一笑置之，我覺得挨罵的最高境界可以用「唾面自乾」這個故事來表達。

唐朝有一位首相叫做婁師德，他有容人之量，又能用人唯才，後來他的弟弟被任命為刺史，在弟弟上任前，婁師德問他：「我已經是宰相，你又被命為刺史，別人難免妒嫉，你怎麼面對這些情形呢？」他的弟弟說：「曾經有人將口水吐在我臉上，我沒有說什麼，只是默默把口水擦乾。」婁師德說：「這正是我擔憂的地方，向你吐口水的人，想必已經對你很生氣，你又將口水擦掉，正好表明厭惡他的舉動，這麼做只會更加深他的怒氣，不如不擦它，讓它自己在臉上乾掉，笑著臉去承受這一切，不是更好嗎？」這就是「唾面自乾」的來源。

「唾面自乾」做得到嗎？這當然不容易，但是，這是一個很好的目標。

第5講／分享的科學

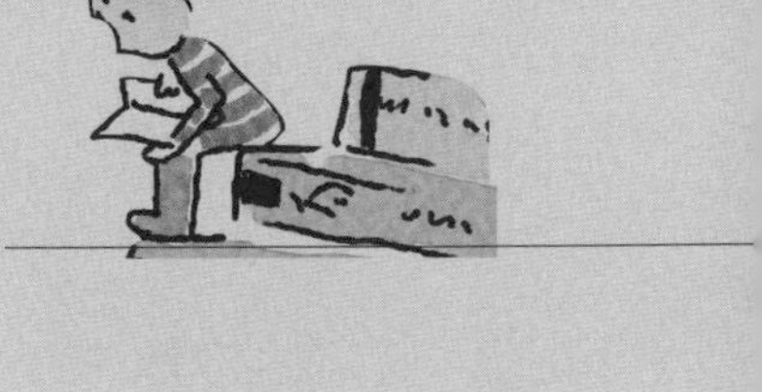

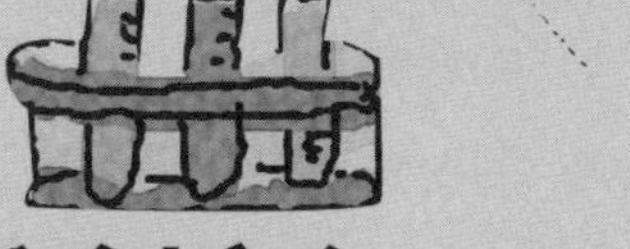

X+Y=

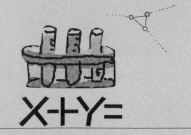

第27堂課

與生俱來的財富：IQ

大多數人智商在七〇到一三〇之間，智商在一三〇以上的人屬於天才，智商在七〇以下屬於弱智，天才和弱智都各占四十分之一。按照統計結果，IQ在最前面兩個百分點的人，其職業和成就分布非常廣，包括醫師、律師、開貨車的司機、清洗游泳池的工人和印假鈔的犯人。

當我們談到某個人的天分時，我們會說這個人絕頂聰明，也許會說這個人很聰明，或是說這個人還算聰明，還可能會說這個人只有點小聰明；當我們比較兩個人的天分時，我們會說甲遠比乙聰明，也許會說甲比乙聰明一點，也許會說甲和乙一樣聰明。聰明是一個與生俱來的能力和特質，是不容易明確精準下定義的，我們不但想要把它具體化，更想要把它量化。

智力商數簡稱智商，是心理和教育學家設計出來，衡量一個人有多聰明的數字。

智力商數英文是Intelligence Quotient簡稱ＩＱ，quotient中文是商數，那就是算術裡兩個數字相除的結果。

一個人的智力可以用他的心智年齡（mental age）來衡量，把一個人的心智年齡除以實際年齡（chronological age），再乘以一〇〇，那就是一個人的ＩＱ。

舉例來說，一個實際年齡是十一歲的小孩，他的心智年齡被測定是十三歲，那麼十三除以十一，乘以一〇〇，結果是一一八，那就是這個小孩的ＩＱ。按照實驗研究的結果，大多數人智商的分布在七〇到一三〇之間，大約有四十分之一的人，智商在一三〇以上，那是所謂天才，也有四十分之一的人，智商在七〇以下，那就是所謂弱智。全世界有一個叫門撒（mensa）的社團，只要你的智商被確認在最前面的兩個百分比，就可以參加mensa成為會員。

智商測量的設計，主要源於二十世紀初期一位法國教育家Alfred Binet的研究發明，加上美國史丹佛（Stanford）大學心理學家Lewis Terman的延伸，所以現在用得很多ＩＱ測量法都叫做Stanford-Binet測量法。

智商的測驗是用一系列的問題，來衡量一個人瞭解和推理的能力，通常這種測驗分為語言跟非語言兩部分，語言部分測驗瞭解和記憶的能力，非語言部分測驗思考、推理、聯想、創新的能力。我用一九一六年Lewis Terman測驗裡的兩個題目作為例子：

第一個題目，你有一個裝三公升的水和一個裝五公升水的

水桶，怎樣用這兩個水桶量出四公升的水？不過，即使這麼簡單的題目，也有兩個不同的方法去量出四公升的水，因為3+1=4，5-1=4也等於4。

第二個題目，有一個鄉下人（請記得那是差不多一百年前的鄉下人）到城裡，玩了一趟，回到鄉下到處跟別人說：「城裡的人真懶惰，他們坐著走路。」請問這個鄉下人看見了什麼？可能的答案有他看見一個人在騎馬，或者在開車，甚至被別人背著走，不過，Lewis Terman認為最適當的答案是他看見一個人在騎腳踏車，因為那才真正產生坐著走路的形象。

我得重複一次，聰明才智到底是什麼？是無法下一個定義的，至於用一系列的問題來測試一個人的聰明才智，到底有多大的準確性和可靠性更是一個疑問。

不過，按照心理學家和教育家實驗的結果，一個人的IQ和他瞭解、記憶、推理、聯想、創新的能力，在多數的情形之下，是有關係的；反過來說，按照統計的結果，在Mensa這個團體裡的成員，就是IQ在最前面兩個百分點的人，他們的職業和他們的成就分布得非常廣，包括醫師、律師、開貨車的司機、清洗游泳池的工人和印假鈔的犯人，而且不同的測試題目也會因為社會文化背景、性別、年齡的差異，而呈現不同的結果。

有人說測試IQ就跟選美一樣，一個IQ很高的人就像選美比賽中的優勝者，從某個角度來看他是很漂亮的，但是沒選上的人，也一定有他們漂亮動人的地方，尤其是對小孩子，IQ有鼓勵參考的作用，但不必、也不應該看成將來成功失敗的基準。

之前Google曾到台灣來招考員工，報章雜誌都有報導他們招考員工的時候，會問一些IQ測試或腦筋急轉彎的問題。

其實，美國許多公司，尤其是高科技公司都喜歡來這一套。微軟也常在面試員工的時候問一些非傳統性的題目，有些是測試應試者邏輯思考的能力，有些是有好幾個答案，每個答案都可以有合理的解釋，但也有些題目本身就是錯的。

其實，講到公司的面試，的確就像選美一樣，不管你是在哪一邊，面試別人和被別人面試，誠懇、坦率、自然輕鬆，對雙方來講，都可以成為一個學習和享受的機會，不必把它看得太死板。

有一家公司的總經理買了一台測試IQ的機器，被測試的人只要戴上一個頭盔，機器就會把他的IQ唸出來。

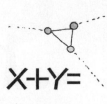

一位研發部門的年輕工程師戴上頭盔，機器說：「你的IQ是一一五，讓我們談談奈米科技吧！」一位行銷部門的專員戴上頭盔，機器說：「你的IQ是一〇五，讓我們談談下一季的行銷預測吧！」總經理戴上頭盔，機器說：「請不要把頭盔放在石頭上。」總經理聽了非常生氣，就要退貨，賣機器的公司說，你要加買一個配件，機器會測量得更精準。

配件裝好之後，研發部門的年輕工程師戴上頭盔，機器說：「你的IQ是一二〇，讓我們談談六五奈米的製造技術吧！」行銷部門的專員戴上頭盔，機器說：「你的IQ是一一〇，讓我們談談下一季銷售量提昇百分之五十的行銷策略吧！」總經理戴上頭盔，機器說：「這塊石頭很面熟呢！」總經理還沒來得及退貨之前，賣機器的公司說：「你只要再加買一個配件，這部機器絕對不會出錯。」配件裝上之後，總經理趕快戴上頭盔，果然，機器說：「總經理你好，假如你旁邊沒有別人的話，我可以把你的IQ數字唸出來。」

下面再舉出幾個有趣的腦筋急轉彎例子：

第一道題目，有四個人要走過一座橋，每個人走過這座橋需要的時間分別是十分鐘、五分鐘、兩分鐘、一分鐘，只有兩個人可以同時一起過橋，而且過橋時，他們要用一把手電筒來照著走路，所以，當兩個人過橋之後，要找一個人把手電筒帶回來，請問：這四個人一共要花多少分鐘？提示：比十九分鐘少。

第二道題目，有八個球，其中也許有一個是比較重的，使用一個天平兩次，把比較重的那個球找出來；這道題目的推廣是有十二個球，其中也許有一個是比較重或比較輕，使用一個天平三次，把比較重或比較輕的那個球找出來。

第三道題目，有三箱水果，其中一箱全是橘子，一箱全是蘋果，一箱是橘子和蘋果，這三箱水果都貼有標籤，但是每個標籤都是貼錯的；換句話說，標籤上說全是橘子的那箱一定不是全是橘子，你只有一個機會，在一個箱子裡，拿一個水果出來，該怎樣運用這個機會，正確決定三個箱子的內容呢？

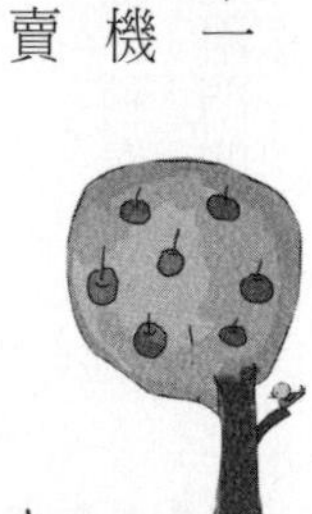

第四道題目，有三個學生在一個旅館共同租了一個房間，櫃台小姐說，三十塊錢一天，他們每個人就給了櫃台小姐十塊錢，當櫃台小姐把錢交給經理的時候，經理說：「看他們都是窮學生，二十五塊錢就好了，你把五塊錢還給他們。」櫃台小姐有點貪心，自己先扣下兩塊錢，剩下三塊錢，還給每個學生一塊錢。每個學生拿出十塊錢，收回一塊錢，3×9是二十七塊錢，櫃台小姐吞了兩塊錢，27+2是二十九，那麼剩下一塊錢跑哪去了？

第五道題目，有一個電視節目裡，台上有三道門，其中一道門後面是一部汽車，另外兩道門後面是空的，主持人說：「我讓你選一道門，如果你的門打開，後面是一部汽車，你就可以得到這部汽車。」按照機率來算，你得到這部汽車的機率是三分之一，當你選好之後，主持人在你沒有選的兩道門之中打開了一道門，這道門的後面是空的，主持人給你一次機會，你可以維持原來選定的門，也可以換成另外一道主持人沒有打開的門，你會換還是不換？為什麼？

最後，第六道題目，有一根蠟燭，可以燃燒一小時，所以，我們可以用它來計時，只要讓蠟燭燒完，那就是一小時，但是這根蠟燭的粗細不是均勻的，我們怎樣可以用這根蠟燭計時三十分鐘呢？因為蠟燭的粗細不均勻，把長度的一半切下來是行不通的。

答案是我們同時燃燒蠟燭的兩頭，當蠟燭燃燒完了，那就是三十分鐘。我要問的問題是如果我有兩根這種蠟燭，如何可以計時四十五分鐘？讓我重複一遍，因為這兩根蠟燭的粗細是不均勻的，你不可以切下一根蠟燭長度的四分之三，用它來計時四十五分鐘。答案是你同時燃燒一根蠟燭的兩頭，和第二根蠟燭的一頭，當第一根蠟燭燃燒完了，就是三十分鐘，也代表第二根蠟燭已經燒掉三十分鐘，現在你點燃第二根蠟燭的另一頭，當第二根蠟燭燃燒完，那就是額外的十五分鐘，加起來總共四十五分鐘。

接下來再看看這兩個不同的題目，據說這是美國中央情報局面試應徵人員的問題，目的是看應徵的人如何對一些看似古怪又很不可思議的事情，作出合理的解釋。

第一個問題：有一個人坐火車到一個城市去看病，醫生把他治好之後，他坐火車回家，當火車通過一個隧道時，他跳車自殺了，為什麼？

答案是這個人原來是個瞎子，醫生把他治好了重見光明，當火車通過隧道時，一片黑暗，他以為治療失效自己又瞎了，絕望之餘，便跳車自殺。

第二個問題：有一個女孩子為一個男孩子做了一道菜，男孩子吃了之後，覺得味道怪怪的，他問那個女孩子這是什麼肉？女孩說：「那是企鵝的肉。」男孩子想了一下，哭起來自殺了，為什麼？

答案是：男孩子曾經和另外一位女孩子去南極探險，因為沒有東西吃，女孩子割下自己的一塊肉給他吃，騙他是企鵝肉，結果男孩活下來，女孩卻餓死了。所以，當男孩吃到真正的企鵝肉時，才知道當年女朋友愛他的苦心，傷心之下便自殺殉情了。

看完本文，你會想買三箱水果、二根蠟燭、一把手電筒，試著回答上面的問題嗎？

第28堂課

後天培養的禮物：EQ

有充分情緒智力的人，會是一個受歡迎、具有折衷協調能力的人，是個有效的領導者，是個把安詳和諧帶到所處環境中、把快樂帶給別人和自己的人。

人類大腦的活動除了推理和記憶之外，還有喜怒哀樂等情緒活動，一個人處理情緒活動的能力叫做情緒智力Emotional Intelligence，因此，我們可以說情緒智力較高的人，較有處理情緒問題的能力。

模仿測試一個人智力的方法，訂定測試一個人情緒智力的方法，把測試的結果量化，就叫做情緒智力商數（Emotional Intelligence Quotient），簡稱為「EQ」。也就是說，EQ越高就代表越有能力來處理情緒方面的活動。雖然有許多測試EQ的方法，不過，堅持把測試的結果簡單量化成一個或幾個數字，並沒有太大的實質意義；所以，把EQ看成和IQ相似的觀念，也就夠了。

遠在一九二〇年，美國哥倫比亞大學的E.L. Thorndike教授，首先提出「社會智力(Social Intelligence)」的概念，他認為擁有高社會智力的人，具有瞭解及管理他人的能力，因而能夠在人際關係上，採取明智的行動。

不過那個時候，心理學家和教育家都把注意力集中在IQ的研究上，一直到一九八〇年代才陸續有專家指出，影響一個人工作的表現、人際關係的建立和發展生活的品質等，有許多因素是在傳統智力商數IQ所無法顯示的。

第一位在一九八八年提出使用EQ這個名詞的人，是心理學家Reuven Bar-on；不過，真正讓情緒智力走出心理學範疇，成為大家日常生活都注意到的一個觀念，是一本在一九九五年由丹尼爾．高曼（Daniel Goleman）寫的書，書名就是《Emotional Intelligence》（情緒智力）。

情緒是一種心理狀態以及連同的心理反應，心理學家和哲學家很難將「情緒」做一個大家共同接受的定義，甚至講不出有多少種不同的情緒，或者如何把不同的情緒分類。不過，一般認為憤怒、哀傷、恐懼、快樂、喜愛、驚訝、鄙視和羞恥是八種基本情緒；在許多情況下，一個人的情緒狀況可能是這些基本情緒的混合，例如，憤怒和鄙視、快樂和驚訝等。

其實，這些說法早也已出現在中國儒家、佛家和醫學的書籍裡，我們都講人有

「七情」，儒家所講的「七情」是喜、怒、哀、懼、愛、惡、欲，那就是歡喜、憤怒、哀傷、恐懼、喜愛、厭惡和慾望；佛家和醫學裡所講的「七情」，大致也是如此。可見，中外古今對情緒這個觀念大致上是相同的。

當我們知道什麼是情緒，也知道外在和內在的因素都會影響刺激情緒後，我想按照上述四位專家的分類，敘述情緒智力的五個層次。

按照他們的說法，情緒智力的五個層次分別是：第一、認識瞭解自己的情緒，第二、控管自己的情緒，第三、激發自己的情緒，第四、瞭解別人的情緒，第五、影響別人的情緒，因而成功的處理人際關係。

首先，我引用希臘哲學家亞里斯多德(Aristotle)的一句話：「每個人都會生氣，那是容易的事，但是對適當的人生氣、生氣到適當的程度、在適當的時候生氣、有適當的目的生氣、有適當的方法生氣，那就不是容易的事了。」亞里斯多德這句話講出了情緒智力的中心要點，生氣是一種情緒，如何處理這份情緒就需要高度的情緒智力。

情緒智力的第一個層次是認識並瞭解自己的情緒，知道自己的情緒，是面對、控管情緒的第一步，不要以為情緒是很明顯的。

當你覺得頭重腳輕、有氣無力時，你知不知道是肚子餓了，還是睡眠不足，還是患了相思病？

當你看見老闆就不想跟他講話時，你是害怕、還是討厭他？

當你找來找去，找不到你要的文件時，會不會感覺到要生氣了，感覺到你會開始摔東西、開始想罵人了？

在你的女兒婚禮上哭了，是感覺到快樂？還是擔心呢？

還有，夫妻吵架時，不要一個人開了汽車往外跑，因為吵架引起的是憤怒情緒，在這種情緒要發作時，開著車亂跑是很危險的。

緊張時，有些人會頭疼、胃疼，甚至冒疹子；憂愁傷心時，許多人都會無法集中注意力。的確，自知之明是智慧的開端，在情緒智力上也確實如此。

第二個層次，是面對、控管、處理自己的情緒。當你開車在公路上，一部車子突然從旁邊殺出，竄到你的前面，害你差點撞上他，趕快煞車，幾乎失去控制，你會大按喇叭嗎？你會破口大罵詛咒他嗎？你會從旁邊開過去，搶在他的前面嗎？你會生氣嗎？你生氣得很厲害嗎？你會因此做出危險的動作嗎？

當你挨老闆的罵，你會關上辦公室的門，坐在椅子上，閉目養神？或是跑到大廳，吸一口新鮮空氣？

考試結果明天就要揭曉了，你會睡不著嗎？

外出渡假兩週，你會天天擔心小偷破窗而入嗎？

明天要在一個重要客戶面前作行銷報告，你會擔心電腦突然失靈嗎？

憂慮是會發生的，過分的憂慮，往往有許多反效果；理智的解除憂慮，用分散注意力來忘記憂慮，或是盲目的不承認憂慮存在，都是解憂的辦法。年華老去覺得一事

無成，兒女遠走高飛，家庭變成一個空巢，秋去冬來、日短天寒、草枯葉黃，都會為你帶來傷感的情緒，你懂得如何去開導自己嗎？

情緒智力的第三個層次是激發自己的情緒。運動員在運動場上苦練；科學家、工程師在實驗室裡埋頭苦幹；藝術家經年累月的磨練，堅定高昂的情緒是他們成功的主因，不管他們靠什麼激發情緒，為了追求名利也好、卓越和傑出也好、滿足和陶醉也好，一個成功的人必須找到激發他奮勇向前的原動力。

用樂觀取代悲觀，用正面思考取代負面思考，會幫助消除疑慮、不快樂、不能夠集中的情緒，培養愉快、開放、投入的心懷。

用別人的失敗，激發自己的向上心；用別人的困苦，激發自己的同情心；用別人的關懷，激發自己的信心；用別人的快樂，激發自己的快樂；情緒智力會幫助我們提昇，邁向成功，樂以忘憂。

在丹尼爾·高曼的書裡，描寫情緒激發的最高境界是一片空明，渾然忘我，心無旁騖，沒有雜念，信心滿滿，喜悅無邊，做自己想做的事，得心應手。他把這個境界稱為「Flow」，我覺得「行雲流水」是很適當的翻譯。

有人會問，這樣描述是不是太玄了？不是，當我們集中精神和力量，在已具有相當程度的能力和經驗的領域中，要解決一個有挑戰性的問題時，情緒的激發會帶領我們。行雲流水，這個境界給予你的就是「行於所當行，止於不可不止」的舒暢感。

情緒智力的第四層次是瞭解同情別人的情緒。別人的情緒，不是由他寫在一個牌子上，掛在他的脖子上，讓我們來讀的，而是我們從他的聲音、表情、手勢、目光和肢體動作等，觀察出來的。

換句話說，一個人透過語言、文字來作情緒的表達。理性的真相，透過語言文字來敘述；情緒的真相，通過非語言文字的途徑來披露。

心理學家研究的結果指出，能夠體察別人情緒的人，通常也對自己的情緒調適得比較好，比較受大家歡迎。

比較外向又敏感的人，雖然沒有權位，但仍能領略達官貴人的霸氣；雖然只有足夠溫飽的收入，但仍可以觀察大企業家的豪氣；平凡庸碌的人，也可以感染天才型科學家、藝術家的傲氣；老師能夠瞭解學生焦慮、緊張的心情；主管能夠感受到下屬的壓力；成功得意的人，能夠體諒失意人的苦悶和埋怨；父母能夠體會子女反抗叛逆的思維。情緒智力會幫助我們觀察和瞭解周遭的人，因此，我們不會盲目的和他們隔離，也不會盲目的拒絕排斥他們。

情緒智力的第五個層次，就是處理人與人之間關係的方法和藝術。當我們能夠瞭解、控管、激發自己的情緒，或能夠觀察、明瞭、同情別人的情緒時，就可以用同理心和別人相處、接受他、適應他、誘導他，甚至改變他。

有充分情緒智力的人，會是一個受歡迎、具有折衷協調能力的人，是個有效的領導者，是個把安詳和諧帶到所處環境中、把快樂帶給別人和自己的人。人和人之間相處的藝術是可以學習、可以發展的；細心的觀察、虛心的接受、誠心的互動、盡心的努力，每一個人都可以提昇他的EQ。

IQ和EQ，是一個人在兩個不同方向的能力訓練和經驗的量度。專家會說IQ偏向先天的天賦，EQ偏向後天的培養，我倒覺得廣義來說，IQ和EQ都可以隨著時間和用心來增長，更可以相互為用。

富邏輯的腦袋、優美的言詞會讓我們更能表達自己的情緒，良好的情緒會讓我們工作更快樂、更有效、更成功，所以大家要不斷的鍛鍊和提昇自我。

第29堂課

你的決定，是「理性」還是「感性」？

對很多人來說，賭博或炒股票賺來的錢和薪水收入的錢，是放在兩個不同心理帳戶裡；所以，賭博和炒股票賺來的錢，用起來就很大方，薪水收入的錢用起來就很小心、小氣。

二〇〇二年經濟學諾貝爾獎由兩位得獎者平分，一半頒給美國普林斯頓大學（Princeton University）的丹尼爾卡尼曼（Daniel Kahneman）教授，表揚他把心理學研究的結果融合到經濟學裡的貢獻；另外一半頒給美國喬治梅遜大學（George Mason University）的維農史密斯（Vernon Smith）教授，表揚他用實驗的方法，來驗證經濟學理論分析結果的貢獻。這邊要介紹由卡尼曼（Kahneman）教授創始的一個科學研究領域「行為決策學」（Behavioral Decision Science）。

「如何下決定」是企業管理、政策制定、戰爭、經濟、法律以至個人生活中，都非常重要的課題。因此，決策學（Decision Science）是一門範圍很廣、也有很多深入研究的科學。在決策學裡，有不同的工具和方法，例如，機率的分析（probabilistic analysis）、最優化的演算法（optimization algorithm）等，其中一個分枝就是探討情緒和認知等心理因素，對下決定過程的影響。

換句話說，下決定的過程不能夠被單純化成一個純數學、純理性的過程，而必須把情緒和認知等心理因素包括在內。因為經濟學裡有很多決策的問題，例如，市場價格的制定、利潤的評估、資源的分配……等；所以，以經濟問題作為背景的行為決策學，也就叫做「行為經濟學」（Behavioral Economics），換言之，行為決策學和行為經濟學，差不多是一體兩面的科學研究領域。

古典經濟學家以十八世紀的經濟學開山鼻祖亞當史密斯（Adam Smith）為例，都認為心理學和經濟學之間，有相當密切的關係。但到了二十世紀中期，經濟學家開始拋開心理學，主要原因是經濟學家要把經濟學定位為所謂的「科學」，傾向用嚴謹、準確的數學和模型，作為經濟學研究的基礎。

但是，這個趨勢在一九七〇年代開始被扭轉回來，一方面因為純理性的經濟模型受到許多實驗結果的挑戰，另一方面隨著認知科學的發展，心理學家可以用他們的模型來和純理性的模型比較。

卡尼曼教授在一九七九年發表一篇非常重要的論文，可說是為行為經

濟學奠基的論文，也因此在二〇〇二年得到經濟學的諾貝爾獎。他和合作夥伴阿莫斯特佛斯基（Amos Tversky）經過大量的實驗和研究，指出人們在判斷和決策過程裡，有些是不能用純理性的模式來描述，有些甚至是不理性的。

因此，行為經濟學的研究，就是要瞭解若不完全依賴純數學的分析和純理性的推論，該如何作決定。

更具體來說，行為經濟學有三個主要研究方向。第一個方向：多數人在許多情況下，做的決定是憑直覺和靈感，或者按照一些看似簡單又合理的原則，而不是依據精細的模型和數學分析，這叫做啟發性的判斷（heuristics of judgement）；第二個方向：當人們面對一個決策問題時，用來呈現和表達這個問題的方式，以及許多似乎有關實際上卻無關的因素或雜音，都會影響策略的決定，這叫做框格效應（framing effect）；第三方向：廣泛來說，如何解釋在市場上觀察到的許多違反數學演算和常理的結果。

什麼是心理學上的「框格效應」呢？從字面上的解釋就很清楚，同樣一幅畫，用兩個不同的框架（frames），把這幅畫裱起來，那麼在我們眼中，很可能有不同的反應和接受的程度。

大家都看過心理學上常用的例子，在一個白色的正方形裡，畫一個黑色的正方形；和在一個黑色的正方形裡，畫一個白色的正方形，雖然正方形大小都一樣，但是在白色正方形裡，黑色的正方形看起來比較大，在黑色正方形裡，白色的正方形看起來比較小，這就是框架效應。

下面我用些有趣的例子，來說明心理學的「框架效應」對決策行為的影響。這些例子可以分成幾類，也代表框架效應研究裡幾個重要的基本觀念。

第一個基本觀念：同樣一個問題，如果用不同的方式表達出來，往往會導引到不同的決策和結果。

有一個賣印表機的店，印表機定價是三千元，如果要送貨的話，要外加兩百元。許多顧客會覺得已經付了錢買印表機，還要付額外的運費，就寧願自己把印表機帶回家，省下兩百元。

但是，一位聰明的店主用另外一種方式來定價，印表機的定價是三千兩百元，包括運費在內，如果顧客自己把印表機帶回家，可以扣兩百元，許多顧客會覺得反正送貨費用已經包含在印表機的三千兩百元裡，也就懶得自己把印表機帶回家扣除那兩百元了。

病人對開刀都有害怕及不完全信任的心理；一位醫生對病人說：「你的存活率是八○％，如果你開刀，你的存活率會增加到九○％。」醫生還可以有另一種說法，他說：「你開刀後，存活率是九○％，如果你不開刀的話，存活率會下降到八○％。」你覺得哪一個說法，會讓病人比較願意決定開刀呢？

答案是第二個說法。因為心理上，一個人比較不願意降低他的存活

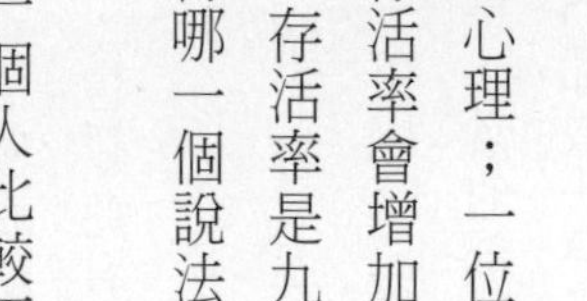

率，而且下降有一種不可避免的感覺；第一個說法是說存活率會增加，心理上，那似乎沒有那麼重要，也難免有「可以保證嗎？」的質疑。

莊子《齊物論》裡有一個故事，有一個人養了一群猴子，他每天餵栗子給猴子吃，當他告訴猴子們早上可以吃三粒、晚上可以吃四粒的時候，那就是「朝三暮四」，猴子們都很生氣；但是，當他跟猴子們說早上可以吃四粒、晚上可以吃三粒，那就是「朝四暮三」，猴子們都很快樂了。

中國歷史上有一位將軍領兵作戰，連打了幾場敗仗，他給皇帝上了一個奏摺說：「屢戰屢敗。」他手下的一位幕僚說：「奏摺這樣寫，會給皇帝砍頭的，不如改寫成『屢敗屢戰』，才能讓皇帝知道你努力爭取勝利的決心。」按照歷史的記載，這位將軍是曾國藩，但也有一說是李鴻章。

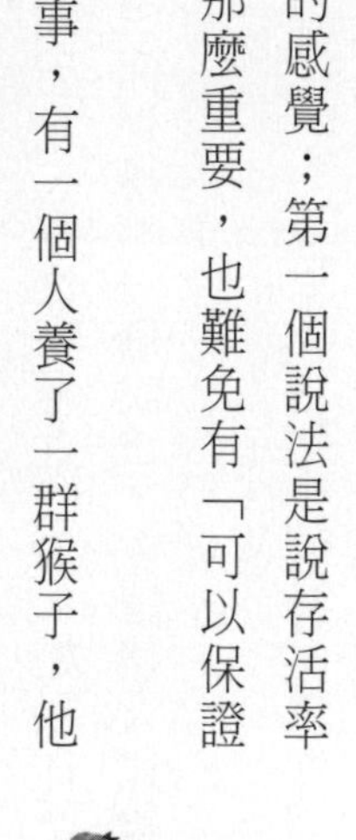

我們在前面提到心理學的框架效應，對決策行為有相當的影響。再提另外一個重要的觀念，在這些例子裡，一個固定的參考點，往往對最後的決定有很大的影響，這叫做「拋錨（anchoring）」，錨（anchor）是用來固定一艘船的位置，拋錨就是為決策提出一個固定參考點，其實，這個固定的參考點，跟決策本身不見得有關係。

當你到菜市場買水果，賣蘋果的老闆告訴你：「隔壁那一家要賣一斤一百元，而且他們的蘋果，還沒有我的甜呢！」一斤一百元，就是固定的參考點，老闆讓你還一個價錢，一般人還的價錢會比一百元低，但是，不會差太遠。假如，用純理性的觀點來作決定，我們只要客觀的對蘋果價格作出一個決定，隔壁那一家是不是賣一斤一百元，並沒有直接關係。

有一次，我和幾位同事到杭州開會，有一天我們三個人要僱一條小船遊西湖，由我負責和船夫討價還價，他開價一百元，我經過一番脣槍舌劍，正準備以八十元成交的時候，同行的一位同事相當堅決不肯接受，我把他拉到旁邊問他為什麼那麼頑固、那麼小氣。他說，昨天別的同事以八十元成交，今天我們一定要比八十元低，才能顯示我們殺價的本領，這也是拋錨的例子。

有一次，我在香港一家咖啡店喝咖啡，旁邊有一位老先生在桌上攤開紙筆墨，在那裡寫大字，我看得出他是一位賣字的書法家，我就問他可不可以替我寫一幅字，是我自己作的對聯，要送給朋友。

他聽了之後，馬上拿出許多剪報、獎狀給我看，證明他是有名氣、有成就的書法家，我問他寫一幅字要多少錢呢？他反問我，要不要落款，寫上他的名字？我說：「如果要落款是多少錢？」他說：「三千塊。」我說：「那麼不落款呢？」他說：「那隨便就好了。」我選擇了不落款，我知道我不必付他三千塊那麼多，但是，也不能夠付他三百塊那麼少，這也是拋錨。

還有一次，我在北京去一個叫做潘家園的地方，那裡有許多攤販，銷售也許是真，但多半是假的古董，我正巧看到攤販和一個老先生在討價還價，買賣一個鑾好看的花瓶，攤販要三百五十元，老先生只肯出二百八十元，兩個人講了半天，爭得面紅耳赤，口沫橫飛，越來越激烈，攤販說老先生不識貨，老先生說攤販欺人太甚、要價太高，差點要動手打起來，最後沒有談攏，老先生悻悻而去。我一想三百五十元不買，二百八十元不賣，我給攤販還了一個價三百二十元，就成交了，事後我才瞭解自己行為經濟學沒有學好，不知道被「拋錨」了。

框架效應裡，還有另一個重要的觀念，叫做「心理帳戶（mental accounting）」。它的說法是，雖然錢就是錢，但是每個人在心理上，他的錢是存在不同的心理帳戶裡，錢從哪一個心理帳戶出來，心理上的反應是不同的。就好像請客吃飯，報公帳和報私人的帳，在心理上是不同的，錢進哪一個心理帳戶也有差別。

對很多人來說，賭博或炒股票賺來的錢和薪水收入的錢，是放在兩個不同心理帳戶裡的；所以，賭博和炒股票賺來的錢，用起來就很大方，薪水收入的錢用起來就很小心、小氣。

如果今天你花了兩千塊錢買一張門票，去看國家劇院上演的世界級芭蕾舞表演，當你開車從新竹北上台北時，在公路上被警察攔下來，說你違反交通規則，要開兩千元的罰單，你跟警察辯論堅持沒有違反交通規則，警察說：「那樣的話，你得留在現場等我的主管來作決定。」一看時間，留在現場處理的話，就會趕不上芭蕾舞的演出，你會不會說：「算了算了，我就讓你開兩千塊錢的罰單好了。」

另一個例子是說，你買了一張兩千塊錢的芭蕾舞門票，從新竹開車到達台北的時候，發現忘了帶門票，那時候離開演時間已經不遠，沒有辦法趕回新竹去拿門票，你會不會花兩千塊錢，另外再買一張門票去看芭蕾舞表演呢？

多數人會願意付出兩千塊的罰款，趕去看芭蕾舞的表演；但多數人不會願意再買一張門票看芭蕾舞，而是說：「算了算了，在台北逛街就回家吧！」其實站在純理性的觀點來看，這兩個例子是等值的——要不要花一共四千元的代價，去看一場想看的表演。在第一個例子裡，你要從娛樂費用的心理帳戶中支出兩千元，又要從意外突發事件的心理帳戶支出兩千元；在第二個例子裡，你要從娛樂費用的心理帳戶裡，一共支出四千塊，許多人在心理上會覺得四千塊看一場芭蕾舞，未免太貴了。

假設今天你用十萬元買了幾張股票，你的經紀人打電話過來，說這些股票的價錢已經掉到五萬元了，問你要不要賣？你想了半天說不要賣。幾分鐘後，經紀人打電話來，說已經按照你的話把股票賣掉了，你火氣來了，我明明說不賣，你怎麼聽成要賣呢？經紀人說，不要生氣，不要生氣，我替你用五萬元的價錢把股票買回來就是了。

很多人會說，算了算了，賣了就賣了，不必再買回來。你會不會也是如此呢？你有兩個心理帳戶，一個是帳面上賠錢的帳戶，一個是實質上賠錢的帳戶，在你沒有賣股票以前，帳面上賠錢的帳戶賠了五萬元，實質上賠錢的帳戶沒有賠錢。當經紀人替你把股票賣掉之後，他把帳面上賠錢的五萬，轉到實質上賠錢的帳戶上了。他可以倒過來替你把在實質上賠錢帳戶賠的錢，轉回到帳面上賠錢的帳戶裡去，但是，有些人就會說算了算了，不必轉來轉去。

第30堂課

你的選擇，是「賺」還是「賠」？

兩億的價值是一億價值的兩倍，但是，兩億的效用不見得是一億效用的兩倍。古人也說：「醉後千杯不如無。」就是說你喝酒喝醉了，再喝下去，喝不出什麼滋味、什麼感覺，是把酒浪費了。

「行為經濟學」是一九七〇年開始把心理學和認知科學，融合到以嚴謹數學為基礎的經濟學研究領域，而我要談的題目是「風險管理」（risk management），也就是在得失之間該如何選擇取捨。

首先，讓我用純數學的觀點來談風險管理，以下有兩道題目供大家參考。

第一道題目：假如你有二分之一的機會贏得一塊錢，或者四分之一的機會贏得兩塊錢，你會選擇哪一個呢？你會覺得無所謂，因為兩個選擇是等價的。

第二道題目：假如你有二分之一的機會贏得一塊錢，或者四分之一的機會贏得三塊錢，你會選擇哪一個呢？你會要後面一個選擇。

這兩個答案都是正確、有嚴謹的數學根據；在第一道題目裡，如果，你有二分之一的機會贏得一元，你玩一萬次，大概會贏五千次，所以，你會贏得五千元；如果你有四分之一的機會贏得二元，你玩一萬次，大概會贏二千五百次，你也會贏得五千元，所以，當你說這兩個選擇是等價時，是對的。

同樣，在第二道題目裡，如果你有二分之一的機會贏一元，你玩了一萬次之後，大概會贏五千次，所以你會贏得五千元；如果你有四分之一的機會贏得三元，你玩一萬次，大概也會贏二千五百次，但是贏得的總金額是七千五百元了。

這兩道題目說明了機率理論（Probability）裡最基本的觀念，那就是一個選擇的預期價值（expected value）。一個選擇的預期價值，等於這個選擇成功的機率，乘上這個選擇成功的回報。換句話說，預期價值比較高，平均回報就會比較好。因為，如果你玩這個遊戲一萬次、一百萬次，你的平均回報就非常接近預期價值了。

所以，在第一道題裡，二分之一的機會贏得一元，選擇的預期價值是1/2×1，等於二分之一元；第二個選擇你有四分之一的機會贏得兩元，預期價值是1/4×2，也是二分之一元。

在第二道題目裡，二分之一的機會贏得一元，預期價值是1/2×1，等於二分之一元；第二個選擇有四分之一的機會贏得三

元，預期價值是1/4×3，那就是四分之三元，所以，第二個選擇比第一個選擇好。站在純數學的觀點，預期價值的理論是簡明正確的。

但是，如果把上面的題目改一下，第一道題目，如果你有二分之一的機會贏得一億元，四分之一的機會贏得兩億元，你會說這兩個選擇是等價的嗎？第二道題目，如果你有二分之一的機會贏得一億元，四分之一的機會贏得三億元，你會選擇後者嗎？我相信許多人會跟我一樣，在兩道題目中都選擇有二分之一的機會贏得一億元，因為一億元就夠了，何必冒險去爭取兩億元或三億元呢？這就是經濟學家對得失取捨的看法，也就是經濟學不能百分之百靠純數學作為論證基礎的原因。

對數學家來說，兩億元是一億元的兩倍，但對一般人來說，有兩億元和有一億元相比，你會住兩倍大的房子，開兩倍貴的汽車，吃兩倍貴的飯，有兩倍多的快樂嗎？因此，經濟學家引進了效用（utility）這個觀念，效用和價值（value）這兩個觀念，是相關但不完全相同的，在正常的情形下，價值增加效用也增加，但是，往往不成正比。

兩億的價值是一億價值的兩倍，但是，兩億的效用不見得是一億效用的兩倍。古人也說：「醉後千杯不如無。」就是說你喝酒喝醉了，再喝下去，喝不出什麼滋味、什麼感覺，是把酒浪費了，這就是經濟學家的看法。

我在美國時，有人在家裡開派對，一開始要開些好酒，到了後頭，可以開些比較便宜的酒，因為大家都喝醉也就分不出好酒和壞酒了。這就是在效用理論中邊際效用（marginal utility）的觀念。

邊際效用這個觀念是：價值增加，效用也會增加，但是增加的比例會越來越小。對一般人來說，中了樂透頭獎六億的價值，換算過來的效用是很高的，但對身家財富有一萬五千億台幣的比爾蓋茲來說，六億的樂透獎金真是九牛一毛，它的邊際效用是不大的。

在一般的稅法裡，有錢人的稅率比較高，他們付的稅也比較多，一個可以支持這個觀念的理由是：對有錢人來說，他付稅的錢雖然數目比較大，但是，這些錢對他們生活享受和快樂的邊際效用是不高的，在經濟學裡，效用理論是一門重要的學科。

另一個例子是在數學和經濟學之外，還得加上心理學的解釋。第一道題是，如果你肯定可以得到一百萬元，或者你有二分之一的機會可以得到兩百萬元、二分之一的機會得到「〇」，你的選擇是什麼呢？請你先把答案寫下來。

第二道題是，如果你肯定要賠一百萬元，或者你有二分之一的機會要賠兩百萬元、二分之一的機會不要賠，你的選擇是什麼呢？請你也把答案寫下來。

好了，讓我們來看看你的答案是否和多數人一樣呢？

第一道題目，在肯定得到一百萬元，和有二分之一的機會得到兩百萬元、二分之一的機會什麼也得不到之間選擇，多數人會選肯定得到一百萬元。第二道題，在肯定要賠一百萬元，和有二分之一

的機會賠上兩百萬元、也有二分之一機會不要賠，多數人會選有二分之一的機會賠兩百萬元、也有二分之一機會不要賠。

這個結果，不能夠用數學上預期價值的理論來解釋，因為每道題目裡，兩個選擇的預期價值是一樣的。這個結果也不能夠完全用經濟學上邊際效用的理論來解釋，按照邊際效用的說法，在第一道題目裡，選肯定得到一百萬元卻不去追求兩百萬元，是合乎邊際效用說法的。

因為，再多一百萬的效用並不那麼大，但是按照這個邏輯，在第二道題目中，也該選肯定賠一百萬元，因為一共要賠兩百萬的話，後果是更加嚴重的，這個結果按照心理學家的解釋，在人們的心理上，賺和賠是兩個不對稱的觀念。在可能賺的情形下，一般人決策的心理是保守，避免風險；在可能賠的情形下，一般人的心理是搏，搏以賠一點，換取完全不要賠的機會。這也說明了為什麼在賭場裡，輸的人輸得越多賭得越大。

我們前面講的一個例子裡，在穩賺和可能不賺也可能大賺的比較下，多半的人都會比較保守，採取穩賺的策略。在穩賠和可能不賠、可能大賠的情形下，多半的人會願意冒險，採取可能不賠、可能大賠的策略。這兩個可說是行為經濟學的重要觀念。接著繼續介紹第三個和第四個重要的觀念。

在前面的例子中，賺和賠是兩個絕對的觀念，換句話說，我們以零為參考點，比零多就是賺，比零少就是賠，但在許多現實的例子中，這個參考點往往是人為的，可以隨著不同的情形和因素而改變。

讓我們把前面的例子稍微改變一下，假如你是行銷經理，你有兩個行銷策略的選擇，一個是不舉行年終大減價，你知道一定可以有二百萬元的收入；一個是舉行年終大減價，你知道你有二分之一的機會可以有一百萬元的收入，有二分之一的機會有三百萬元的收入。如果你的老闆給你的銷售目標是一百萬元，那就是你要以一百萬元為賺賠的參考點，第一個選擇，不舉行年終大減價，你一定可以賺一百萬，第二個選擇舉行年終大減價，你有二分之一的機會賺二百萬元，有二分之一的機會賺不到錢；所以按照採取穩賺的原則，你會選第一個選擇，不舉行年終大減價。

如果，老闆給你的銷售目標是三百萬元，那就是你要以三百萬元為賺賠的參考點，那麼按照第一個選擇，不舉辦年終大減價，你會距離三百萬目標還差一百萬元；按照第二個選擇舉辦年終大減價，有二分之一的機會距離目標二百萬元，有二分之一的機會達成三百萬的目標，按照不賠或大賠的原則，你會用第二個選擇。

所以，在行為經濟學裡，第三個重要的觀念是：得失的參考點是可以改變的，因而也影響改變你對策略選擇的改變。

行為經濟學裡，第四個基本的觀念是：得和失是不對稱的。多數人在乎「失」遠超過在乎「得」，讓我舉兩個簡單的例子。

你去買一杯冰紅茶，付了錢買一杯中杯，老闆弄錯了，給你一杯大杯，你得到額外的一〇〇c.c.，大概不會覺得有什麼了不起；可是，如果老闆弄錯了，給你一杯小杯，少了一〇〇 c.c.，你會一肚子火，因為心理上你吃虧了，你很在乎。

你去汽油站加油，發現油價降了，比昨天還便宜，你會笑笑；如果，發現油價漲了，比昨天貴了，你會跟老婆埋怨半天，昨天下班回家的路上，應該把油加好的。

得失不對稱的心理效應，也會引起其他的心理效應。以下幾個例子供大家參考。

一個是安於現狀的心理效應，那就是「以不變應萬變」，因為變可能引起更大的損失。業餘買股票的人，往往下不了決心去賣賠錢的股票；甚至有許多人不離婚的原因，是害怕離婚後會更慘，這就是安於現狀的心理效應。

一個是覺得已經擁有的東西特別值錢的心理效應。一把破雨傘，遺留在開會的地方，許多人會願意花時間、花錢去把雨傘找回來；一個老舊茶杯打破了，懊惱半天；有人擁有一瓶高級紅酒，別人願意出五千元的價錢，他也不肯賣，有一天不小心把酒打破了，老婆說：「不用懊惱，現有一家店用四千元就可以買到同樣一瓶了！」可是，他不肯買，正如老話說：「金窩銀窩不及自己的狗窩。」自己的家比別人的豪宅更舒服、更值錢。古語說：「家有敝帚享之千金。」那就是自己家的破掃把也值千金的意思。

另一個是重視目前的損失、而沒有把長遠利潤計算在內的心理效應。百貨公司大減價，你急著在百貨公司開門那一刻趕到，你可能會選擇坐公車而不坐計程車，把小錢省下來，可是卻可能失去在百貨公司撿大便宜的機會。

還有一個是願意接受正面的表達、不願意接受負面表達的心理效應。有一家電影院，週四的票價是二百元，週末的票價是二百五十元，電影院有兩個實質相同但是表達方式不同的說法，一個說法是票價二百五十元，週四減五十元；一個是票價二百元，週末加五十元；不管怎樣表達，週六去看電影，就得付二百五十元。多半的人會喜歡票價二百五十元、週四減五十元的說法，不喜歡票價二百元、週末加五十元的說法，因為這讓他有額外多付出五十元的感覺。

（關於行為經濟學的部分內容，來自美國芝加哥大學經濟學教授奚愷元作著《別當正常的傻瓜》一書）

第31堂課

用心去看、聽、聞、品、觸

假如有一天，全世界的人都失去了視覺，我相信，世界還是一樣美好。耳朵可以更清楚聽到好音樂，享受美麗詩詞的朗誦吟哦；我們在郊外，有鳥語、有花香；不再看網路上成千上萬的e-mail，電腦會唸給我們聽……更何況我們不再需要用電燈，那又省下更多能源。

視覺、聽覺、觸覺、嗅覺和味覺，是人類重要的五個感覺。從生理學上解釋，感覺就是接受外界刺激的能力，光線、圖像、聲音、皮膚感覺到的壓力（例如，輕輕的摸、用力的按）、花的香味、垃圾的臭味、甜酸苦鹹，都是外界的刺激，這些不同的刺激被接受後，會送到我們大腦皮層（cerebral cortex）不同的部位來作分析。

味覺和嗅覺是一種化學感覺。人類的舌頭和口腔大約有一萬個味蕾（味覺的接收器），這些味蕾兩週左右會更新一次，當味蕾受到刺激就會把訊號送到大腦皮層，讓舌

頭對於不同的食物味道產生反應。不過，年紀大的人，味蕾沒有被更新，就只剩下五千個味蕾可用。

過去大家都認為有四種不同的味覺，對酸、甜、苦、鹹四種基本味道有不同的反應，但近二十年來又發現有第五種基本味道叫做「Umami」，指的是鮮味，像是現在大家做菜常用的味素，就是一百年前日本人發明的調味品，讓我們的味蕾對它會產生「Umami」的鮮味反應。

嗅覺則是人體內的嗅味接受器受到外界嗅味刺激時，把訊號送到大腦產生的反應。人的鼻子裡有上千萬個神經細胞，這些神經細胞接受不同的嗅覺刺激，可以引起不同反應，科學家發現每一種神經細胞，只會對某一種嗅覺刺激有反應，所以，當大腦知道在鼻子裡那些神經細胞有反應，就可以判斷並聞出這是什麼嗅味。

二〇〇四年，美國兩位生理學家Linda Buck和Richard Axel，就是因為他們對嗅味接受器（odorant receptor）的基本發現和瞭解而獲得諾貝爾獎。

若說味覺和嗅覺是化學的感覺，那麼，觸覺是什麼感覺呢？它是一種機械的感覺。觸覺就是皮膚上的壓力接受器對外界加在皮膚的壓力產生感覺，從輕到重，從緊緊的握手，到輕柔的撫摸，到感覺到光滑和粗糙表面等反應。

至於視覺和聽覺呢？則是電的感覺。我們對視覺和聽覺的瞭解比較深，已經可以用外界產生電的訊號，來直接刺激大腦皮層主管視覺和聽覺的部分，而產生反應了。我們常說某某人的眼睛會放電，也就是這個道理吧！

我們眼球後面的視網膜（retina），是大腦的一部分，上面兩種視覺接受器（retinal receptor），一是錐形（cones），一是棒形（rods）。錐形的視覺接受器對強光、分析度高的圖片和顏色有反應；棒形的視覺接受器對黑暗、模糊、黑白的圖片有反應。因此，色盲者的錐形視覺接受器，對紅藍綠三原色的反應度太低而無法辨識顏色。

在視網膜上，約有一億三千萬個視覺接受器，但奇妙的是，這麼多視覺接受器的反應，在視網膜上經過大量的資料處理後，卻只經過一百多萬條視覺神經，把訊號送到大腦。

我們的耳朵掌管聽覺功能，當耳朵把空氣壓力的波動（聲波），轉變成一連串腦神經訊號傳到大腦去時，就會產生聽覺的反應。我們耳朵的三個部分：外耳、中耳和內耳，對於聲波的傳輸，扮演著不同的角色。

外耳把聲波集中起來，通過外耳道（ear canal）到達耳膜（eardrum），如果外耳道堵塞的話，聲音就不能傳送到中耳了；耳膜跟中耳的三塊骨頭，會因聲波的振動而振動起來，中耳發炎或者耳膜破了，就不能有效的把聲波振動傳送到內耳。

內耳則有兩個功能：一是把聲波轉成腦神經訊號，一是幫助我們保持平衡。內耳的一部分叫做耳蝸，形狀像一隻蝸牛，耳蝸裡有一萬六千個毛細胞（hair cells），當毛細胞振動

時，它會產生腦神經訊號，把聲波的振動轉換成腦神經訊號，傳送到大腦。

一九六一年，美國哈佛大學的Georg Von Bekesy，就因為他對內耳的功能，特別是耳蝸裡毛細胞的作用有深入瞭解，而獲得諾貝爾獎。

我們可以把視覺和聽覺作個比較，在視覺視網膜上面有一億三千萬個視覺接受器，他們把光的訊號轉變成腦神經訊號；在聽覺方面，耳蝸裡只有一萬六千個毛細胞，在視覺上假如我們每秒鐘能夠有二十四張圖片，那麼動畫看起來就是連續的了。但是，聲波的振動可以高達每秒二萬次，而我們的毛細胞還是可以反應得過來。

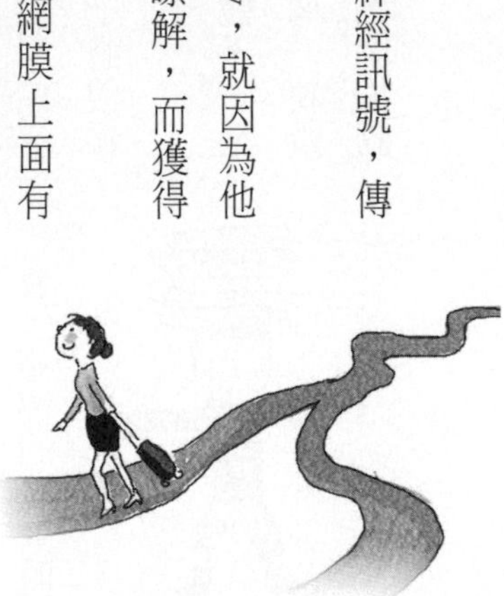

人類有一對耳朵，用來辨別聲音來源的方向。曾聽過一個笑話：老師問一個小朋友：「假如我把你左邊的耳朵割掉，後果是什麼呢？」小朋友回答：「那我就聽不到左邊來的聲音了。」老師問：「假如，我把你右邊的耳朵割掉呢？」小朋友回答：「那我就聽不到右邊來的聲音了。」老師再問：「假如，我把你兩邊的耳朵都割掉呢？」小朋友回答：「那我就什麼都看不見了。」老師問：「為什麼呢？」小朋友回答：「因為我沒有辦法戴上我的眼鏡呀！」

●●●

若是站在生理學的觀點來看，感覺的定義並不清楚。到底人類有多少種不同的感覺，仍有討論的空間。例如，人的味蕾可以分辨甜、酸、鹹、苦和鮮味，可視為五種不同的感覺。

但是，辨別深度的能力（depth pereption）是視覺的一部分嗎？或是另外一種感覺？對人類而言，除了冷和熱的感覺、平衡的感覺、痛苦的感覺，還有動力的感覺。例如，當你閉上眼睛的時候，你會清清楚楚知道你的手放在哪？當你把手揮動的時候，你還是清清楚楚知道你的手在哪裡，這也是一種感覺的功能。

至於動物呢？和人類很親近的狗，牠的嗅覺特別敏銳，蛇可以看到紅外線，蜜蜂可以看到紫外線，至於與人類不同的呢？有些魚，像是鯊魚，可以感覺到電場，有些鳥可以感覺到磁場的變化，蝙蝠可以利用回音的原理來定位，這些都是十分有趣的例子。

當我們的視覺、聽覺、觸覺、嗅覺和味覺的功能發生障礙時，如何找出障礙的來源、消除障礙？補償失去的功能？不但是醫學和生理學上非常大、非常複雜的課題，更牽涉到社會學、倫理學、公共政策等相關問題。

有些大家熟悉的例子，可以來解釋醫學上令人欽佩的發展。像是近視、老花眼鏡的發明或是助聽器的發明，甚至是視網膜植入及耳蝸的植入技術。

在視覺方面，近視、老花，就是因為外界視覺的刺激，沒有全部、準確的送到視覺接受器，再由它們產生腦神經訊號送到大腦，這不是視覺接受器的問題，而是在我們眼球前面的水晶體（lens）和眼球形狀、大小的問題。也就是說，以光學的觀點來看，透過水晶體的外界視覺刺激，只留給視網膜模糊的形象，大腦自然就無法辨認了。但是透過眼鏡的矯正，我們又能清晰的看清楚影像及任何東西。

根據歷史的記載，眼鏡是十三世紀在義大利發明的，後來由義大利和西班牙傳教士帶來中國；老花加近視的雙焦距眼鏡（bifocal glasses）是十八世紀美國富蘭克林所發明；而散光眼鏡則是在十九世紀初期才發明的。這些發明，彌補了我們視覺功能上的障礙。

在聽覺方面，聽覺障礙的起因，可能是由於聲音不能夠清楚的從外耳和中耳傳送到內耳，或是由於內耳的毛細胞減少或衰退所致。克服輕度聽覺障礙，助聽器是許多人使用的工具，其基本功能就是把外來的聲音放大，隨著微電子工程的發展，助聽器做得越來越小，而且也增加了調整的功能。

近年來，視網膜植入和耳蝸植入的技術已經逐漸成熟。在視網膜植入的技術裡，我們把電極植入（implant）視網膜後面，使用者看到的圖片影像，由一個數位相機拍下來，這個圖片影像經過微電腦處理後，在植入電極上產生一連串的訊號，這些訊號刺激視網膜的細胞，讓他們產生傳送到大腦的訊號。

耳蝸植入的基本觀念與視網膜植入的概念類似。在使用者的耳朵外面有一個擴音器，把聲音蒐集傳送到一個微電腦語言處理器，作適當的過濾放大，然後透過貼在耳朵背後的發射器，把聲音訊號發射到植入在耳朵裡的接收器，接收器把聲音訊號轉變成電訊號，送到植入耳蝸中的二十四個電極，然後再把這個訊號直接送到大腦去。

這些技術的基本原理非常簡單，但是，要讓有植入裝置的人，真的能看得見、聽得到，還需要解決許多技術上的問題。

大家有沒有想過，假如有一天全世界的人，都失去了視覺，這個世界會變得如何？我相信世界還是一樣美好，我們的耳朵可以更清楚的聽到好音樂，享受到美麗詩詞的朗誦吟哦；我們在郊外，有鳥語、有花香；我們不再看網路上傳來成千上萬的e-mail，電腦會唸給我們聽；雙手的接觸和擁抱，傳達的是心靈上的接觸和擁抱。當你想要安靜獨處的時候，你會有一個更安靜、更能獨處的環境，更何況我們不再需要用電燈，那又省下更多的能源。

音樂史上偉大的作曲家貝多芬，他是德國人，年輕時到維也納去，原本想跟莫札特（Mozart）學音樂，不幸莫札特早一年去世了，他就跟海頓（Joseph Haydn）學音樂。他二十幾歲漸漸失去聽覺，並有嚴重的耳鳴，讓他無法欣賞音樂，甚至避免跟別人交談，但他繼續寫出偉大的作品。

當他的第九號交響樂第一次公開演出時，他站在樂隊前面指揮，音樂結束時，台下掌聲雷鳴，但是他完全聽不到，當他轉身過來，看到觀眾的反應，便流下淚來。對作曲家而言，沒有辦法聽到自己寫的音樂，似乎是一項無法超越的障礙。

另一位是海倫凱勒（Helen Keller），她是美國的作家、教育家，在她十九個月大時，一場大病讓她失去視覺和聽覺。六歲時，家裡請了一位年輕的老師Anne Sullivan，這位老師

幫助她學講話和讀書，後來她能夠讀英文、法文、德文、希臘文、拉丁文，她二十四歲時，在美國最有名的女子學院Radcliffe College畢業，海倫凱勒成為非常著名的作家，也是和平運動推動者，爭取女性投票權益，支持生育節制，支持勞工運動。海倫凱勒說過：「The best and most beautiful things in the world cannot be seen or even touched. They must be felt with the heart.」

世界上最好最美麗的東西，不是能看得到、或是摸得到；而必須由心靈來感受。

除了感覺和大腦的互動之外，感覺和心的互動也十分重要，用我們的心去看、去聽、去聞、去嚐和去摸，那麼我們看到、聽到、聞到、嚐到和摸到的，才是最美麗的東西。

第32堂課

三個W的自由分工

在維基百科上，任何人都可以編寫想要編寫的項目，全書至今有兩百五十種語言版本，其中十九種語言版本，各有超過五十萬個項目，英文版更有兩百七十三萬個項目；相對於大英百科全書，由四千個專家執筆編纂，卻只有十二萬個項目，可見自由分工的力量，相當可觀。

電腦的發明與發展，已經有六十年，把電腦和電腦相互連接起來的網路建立，也開始於四十年前，起初電腦及電腦網路的使用，大致還停留在科技專家們的工具階段。直至一九九〇年全球資訊網（World Wide Web）的發明，可說是藉由電腦和電腦的連接，朝向將人類大腦互相連接起來的目標和方向，邁出了一大步。

「透過電腦的連接把人類的大腦連接起來」這句話，乍聽之下有點玄，為什麼我們能夠透過電腦的連接，從數據（data）的交換，進階到資訊（information）的交換，進階到內容（contents）的交換，再進階到思想理念（thoughts）的交換呢？

我認為，是因為我們有了電腦和電腦網路之後，數據、資訊和內容都可以用非常高的速度來處理、儲存和傳遞。同時，在全球資訊網上，上百萬、上千萬人可以同時交換數據、資訊和內容。再加上有了良好的介面（interface），數據、資訊和內容都可以清晰、生動的用文字、圖畫、聲音和動畫來呈現，讓上百萬、上千萬的人，可以同時多方向的交換他們大腦裡的思想和理念。

過去的十五年裡，在全球資訊網（World Wide Web）這個平台上，交換數據、資訊、內容和思想理念的模式，有了突飛猛進的發展，例如，以Google、Yahoo、百度為代表的搜索引擎；以亞馬遜（Amazon.com）、iTunes為代表的網路購物；以eBay、Craigslist為代表的網路拍賣交易；以維基（Wikipedia）為代表的網路字典和百科全書；以Blog、Myspace、Facebook、YouTube為代表的個人資料和個人創作的公開呈現及交換。

在二〇〇四年，有人提出了Web2.0這個名詞。Web2.0這個名詞是一位叫做Tim O'Reilly的人想出來的，他組織了一個叫做Web2.0 Conference的會議，請了許多這個領域的重量級人物，討論有關Web的技術和應用，Web2.0這個名詞也成了一個口號、一個象徵；後來，他還把Web2.0這個名詞註冊作為商標，維護任何會議使用這個名詞的權利，還有人被他以侵權告了一狀，不過，最後也不了了之。

到底Web2.0是什麼？有各種說法。首先，我們不要把它說成一個技術上的革命，它本身並不是在Web上嶄新的硬體或軟體技術，也不是在Web上嶄新的應用。

很多人認為Web2.0可以看成一個響亮的口號，這個口號宣示了在過去十五年透過全球資訊網，把成千上萬人的思想和理念連接起來的所有進步和發展。我認為，過去這十五年的進步和發展，可以用八個字來總結，那就是「自由分工，自由分享」，如果你認為這是我對Web2.0這個名詞的闡釋，我覺得也很適當。

「自由分工，自由分享」裡的分工是指把一件大工作分成若干個小工作，由不同的人、或在不同的時間，分別把這些小工作完成。

傳統上「分工合作」的背後是一個全盤的規劃、一個高層的領導、一個全面的規範和檢驗、以及一個整體的目標和結果；換句話說，傳統上「分工合作」是由上而下的工作模式，一幢摩天大樓的建築、一架巨無霸噴射機的製作、登陸月球的太空船發射、四庫全書的編纂，都是很好的例子。

但是，「自由分工」與「傳統分工」有三個不同的地方。

「自由」這個詞的英文是「free」，有兩個不同的意義，一是自由自在不受限制的意思；另一個意思是免費、不必付費。

所以「自由分工」的意思是：首先，參與分工的人，可以自由選擇想要參與的部分，沒有人會先告訴你可以、或不可以參與的部分；其次是，參與分工的人，可以自由發揮，可以自由的按照自己想法去做，可以做得很好，也可以做得很差，沒有負責品質管

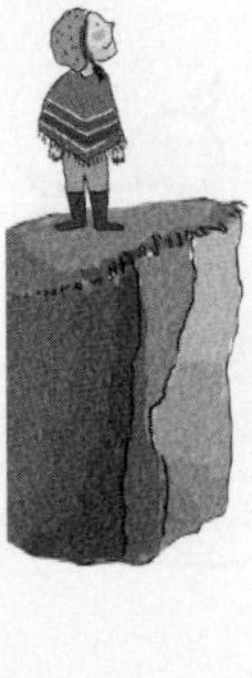

理的主管會考核你做得合不合格；第三，參與分工的人，不需要付出任何費用和代價，參與分工是不用入場券的。

自由分工的模式，是由下而上，參與分工的人也不會期待直接的利益和補償。自由分工最有名、也是最重要的例子，就是Linux操作系統的發展。

操作系統是控制電腦操作的軟體系統，鼎鼎有名的微軟公司每年四百億美元收入的大部分，就是銷售視窗（Window）操作系統所得來的。

Linux操作系統，是一九九一年由一位芬蘭大學生Linus Torvalds，獨自把這個操作系統的核心元件建立起來，他把這個核心元件免費提供給不同的使用者，由他們自由修改、交換、擴充，今天Linux操作系統在學術界、工業界、商業界，都占有非常重要的地位及具有很大的影響力。

另外一個自由分工的例子，則是維基百科全書的編纂。維基百科全書的英文版在二○○一年推出，任何人都可以編寫自己想要編寫的項目，別人也可以修改已有的項目，至今維基百科全書已經有兩百五十種語言的版本，其中十九種語言的版本，每個版本有超過五十萬個項目，尤其是英文版有兩百七十三萬個項目（二○○九年的資料）；相對於已經有兩百五十年歷史的大英百科全書，雖然由四千個專家執筆編纂，卻只有十二萬個項目，可見自由分工的力量，相當可觀。

事實上，在科學、文學、藝術上，也有許多「分工」的例子。在科學研究上，多位科學家分工合作寫一篇科學論文；也有幾位畫家一起畫一幅畫，畫花的高手畫花，畫鳥的高手畫鳥，書法的高手題字；也有幾位作家一起寫一本小說，像是前行政院長劉兆玄家三兄弟，三十年前以筆名「上官鼎」寫的十套武俠小說等，但是，這些都是有規畫的分工，是由上而下的分工模式。

在文學上，若能把不同作者、在不同時代、用不同題目寫的詩詞句子綴合起來，成為一副對聯、一首詩詞，則是「自由分工」的好例子。因為每一個作者的確是自由自在、獨立寫出他們的創作；但是，當我們把他們的創作綴合起來，就和Linux操作系統、維基百科全書一樣，有異曲同工之妙。

黃庭堅把集合別人的句子成為一首詩的作法，叫做「百家衣體」（就是用一百件不同衣服拼湊起來的體裁）；「集句聯」就是從兩個不同的出處，找出兩個句子，成為一副對聯。有人為一間酒樓寫了一副集句：

勸君更盡一杯酒，

與爾同消萬古愁。

「勸君更盡一杯」出自王維的一首詩；「與爾同消萬古愁」出自李白的一首詩，「勸君更盡一杯酒，與爾同消萬古愁」對得非常工整，對一間酒樓來講，是非常適當的對聯。「集句聯」的遊戲規則也可以放寬一下，我曾經替知名文學家龍應台教授拼湊過一副對聯：

只應天上有，

瑤台月下逢。

「只應天上有」來自杜甫「此曲只應天上有」；「瑤台月下逢」來自李白「會向瑤台月下逢」，我只不過動了一個截肢手術而已。

至於「集句詩」呢？讓我用洪昇的長生殿裡，第二十一齣窺浴，描寫宮女和小太監偷窺唐明皇和楊貴妃出浴的情景，這一齣的下場詩是：

花氣渾如百合香，

避風新出浴盆湯，

侍兒扶起嬌無力，

笑倚東窗白玉床。

那是從杜甫、王子建、白居易、李白四位大詩人的作品中，各找一句拼起來的。「花氣渾如百合香」，是以百合花的香味來形容瀰漫在華清池裡的香氣；「避風新出浴盆湯」，是洗澡不要著涼了；「侍兒扶起嬌無力」，那明明就是白居易《長恨歌》裡的句子；「笑倚東窗白玉床」，靠在白玉床上休息休息吧！

古人集體自由創作也有所謂聯句的方式，在中國的五言、七言古詩裡，每兩句是對稱排偶的，所以，聯句的作法就是開始的人做第一句，下一個人做第二句和第三句，第二句必須和第一句對稱排偶，就是受到第一句的限制和規範；但是，第三句又起了一個頭，寫第四句必須和第三句對稱排偶；可是，第五句又再起了一個頭了。

大家有興趣的話，可以找找紅樓夢第七十六回裡，史湘雲和林黛玉聯句的故事，那天正是中秋，林黛玉的起句是蠻平凡的「三五中秋夕」，接著史湘雲和她，一人兩句，你來我往，寫到最精彩的兩句：「寒塘渡鶴影，冷月葬詩魂」，上句是池塘裡映出一隻白鶴飛過去的影子，下句就是用月和詩表達出一份哀傷的心情，「寒塘渡鶴影，冷月葬詩魂」接到這裡，史湘雲和林黛玉不要寫下去了，倒是妙玉尼姑出來，加上最後一段成為中秋節大觀園即聯句三十五韻。

接著，再分享一首在網路上流傳很廣的詩：

世界上最遙遠的距離，
不是生與死，
而是我就站在你面前，你卻不知道我愛你。
世界上最遙遠的距離，
不是我就站在你面前，你卻不知道我愛你，
而是明明知道彼此相愛，卻不能在一起。
世界上最遙遠的距離，
不是明明知道彼此相愛，卻不能在一起，
而是明明無法抵擋這份思念，
卻還得故意裝作絲毫沒有把你放在心裡。
世界上最遙遠的距離，

不是明明無法抵擋這份思念，
卻還得故意裝作絲毫沒有把你放在心裡，
而是用自己冷漠的心，對愛你的人，
掘了一條無法跨越的鴻溝。

很多人以訛傳訛說這是印度名詩人泰戈爾的詩，其實這是香港作家張小嫻在一九九七年的小說《荷包裡的單人床》裡的一首五行小詩，這首小詩是：

世界上最遙遠的距離，
不是生與死的距離，
不是天各一方，
而是，我就站在你面前，
你卻不知道我愛你。

後來在網路上，網友以接龍的方式「自由創作」寫成目前的版本。

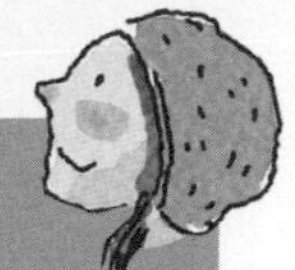

第33堂課

三個W的自由分享

鄭濂一家七代同堂，一千多人住在一起，有「天下第一家」之稱。明太祖知道後，特別賜給他兩個梨子，要看看一千多人如何分食兩個梨。鄭濂搬來兩個裝滿水的大水缸，把梨子打碎混在水缸裡，跟大家說：「來，每個人喝一碗水！」

全球資訊網這個平台，的確讓世界變得更小、更平坦了。Thomas L. Friedman在他的暢銷書《世界是平的》裡指出，近二十年來資訊和通訊科技的發展，讓人類能夠更緊密的合作和分享，許多例子包括：Wikipedia、Blog、My Space、Facebook、You Tube都是二十一世紀的產品。

在這個更小、更平坦的世界裡，一個重要的精神就是「自由分工、自由分享」。換句話說，每個人都可以按照自己的思想和理念，獨立創作，而這些獨立創作的結果，可以由大家自由的把它們結合起來，讓大家分享。

「分工」和「分享」是大家很熟悉的觀念，不過，「自由分工，自由分享」不但在科技、經濟、社會上，甚至在人文上，都有它特殊的含義。

正如前面所提到的，分享是群體社會中一個熟悉的觀念。分享包括：經驗和知識的分享，動物裡的鳥媽媽教小鳥怎樣飛，馬媽媽教小馬怎樣跑，中國歷史上的三皇，伏羲教老百姓結網捕魚、飼養動物，神農教老百姓耕種和用草藥治病，燧人教老百姓鑽木取火，都是很好的例子。

分享也包括資訊消息的分享，書報、雜誌、展覽、表演都是重要的例子。分享也包括：財富、資源的分享，從分食打獵捉到的小豬，到企業年終分紅，都是令人垂涎心動的例子。

有一個關於明朝大臣鄭濂的故事。鄭濂一家七代同堂，一千多人住在一起，有「天下第一家」之稱。明太祖知道後，特別賜給他兩個梨子，看看他七代同堂、一千多人如何分食皇帝御賜的兩個梨。鄭濂搬來兩個裝滿水的大水缸，把梨子打碎混在水缸裡，然後跟大家說：「來，每個人來喝一碗水。」這就是鄭濂碎梨的故事。

在我們所熟悉的、傳統分享的觀念裡，都有著明顯或至少某個程度由上而下的導向。換句話說，分享往往是由一個中心的權力來主導，不論是皇帝、老闆、節目主持人、一本書或一部電影，都是經由一個中心的主宰，讓大家來分享。

自由分享（Free to Share）這個觀念，並不是在一九九〇年代全球資訊網發明後才出現的，也不是在一九八〇年代自由軟體（Free Software）這個觀念提出後才出現的觀念，更不局限於軟體或資訊科技的範疇。

不過，在二十一世紀全球資訊網這個平台上，自由分享的觀念變得更清晰、更重要，也引起若干特殊的問題和考量。對資訊專家們而言，自由分享裡「自由」這個觀念，是和自由軟體（Free Software）裡的自由，Open Source裡Open的觀念一致的。在英文裡，free有雙重意義，一是自由，一是免費；但是自由分享，並不一定是免費分享。

我用CoCa Cola（可口可樂）的例子來說明自由分享這個觀念，大家應該更容易懂。

可口可樂是一百二十年前在美國發明的一種飲料，Cola就是有氣泡的碳酸飲料（carbonated soft drink），CoCa是南美出產的一種植物，它的葉和果實用在可口可樂裡調味，「可口可樂」，真的是最完美的音譯，有著可口（delicious）與愉悅（enjoyable）的涵意。

不過，當可口可樂剛引進到中國時，負責把音譯成中文的人，卻出了一記怪招，他把Coca音譯為「蝌蚪」，在Cola裡，把Co音譯為「啃」，他把la音譯為「蠟」，中文音譯是「蝌蚪啃蠟」，解釋為「啃蠟的蝌蚪」，英文就是bite the wax tadpole，總公司發現這個音譯不對，花了一些力氣才找到「可口可樂」這個名詞。

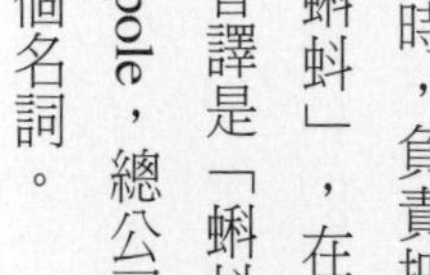

大家都聽過一個說法，可口可樂的配方是全球大公司裡最大的祕密，這個配方鎖在銀行的保險箱裡，甚至有一個說法是只有最高級的兩個主管，各知道這個配方的一半。其實，以今天化學分析的技術，可口可樂的成份不難分析出來，可口可樂成功的地方是它的商標，祕密配方只不過是個推銷的點子罷了。

讓我從這個祕密配方來解釋自由分享這個觀念。假如一個人擁有可口可樂的祕方，他可以有不同層次的作法來看待與分享這份祕方：

第一、他按照祕方製成可口的冷飲，很快樂的獨自享用。

第二、他邀請許多朋友，一起免費享用他製成的可口可樂；或者賣給付錢來買的廠商。

第三、他收一些授權費，讓別人依照他的配方，自行製造可口可樂。

第四、他把配方公開，但是別人不能抄襲他的配方自行製造可口可樂。不過，當別人知道可口可樂的顏色、味道、化學成分、食物、材料後，就可以製造跟可口可樂搭配的點心或主菜，甚至不排除推出可口可樂新年大餐的可能。

第五、他完全公開這份祕方讓別人抄襲、改良他的祕方，但是他可以規定這些改良的、新的祕方必須也要公開，讓大家分享，這就是自由分享的最高層次。

看完可口可樂這個例子後，我用自由軟體作為第二個例子，來闡釋自由分享這個觀念。

電腦的軟體（software）是非常複雜龐大的電腦程式，大家馬上想到的例子就是微軟（Microsoft）的Windows操作系統，絕大多數軟體都是出錢去買，價格往往相當昂貴，而且軟體是不可以抄襲的；軟體就像是一個黑匣子，你可以用它，但是不可能知道它的內容，更不可能去修改這份軟體。自由軟體就是針對這些所謂的短處和缺失，朝自由分享的方向改變。

早在一九八〇年，理查．史托曼（Richard M. Stallman）就挺身而出，成為推動自由軟體的先驅。理查．史托曼可稱得上是電腦軟體的天才，他在哈佛大學唸完學士學位後，到麻省理工學院讀博士，後來為了全心全力推動自由軟體的理念，連博士也沒有唸完，不過，他依然得到了五個榮譽博士的學位。

自由軟體（Free Software）是使用者可以擁有完全自由使用、修改、複製和分送權利的軟體，因此，從技術層面來講，自由軟體必須以原始碼（source code）的方式呈現修改、複製和分送，不需要得到任何人的允許，不需要向任何地方登記。但是，複製和分送的軟體也必須以原始碼的方式呈現。因為，有了原始碼，別人才可以同樣自由的使用，修改再複製和分送。而且，經過修改的自由軟體，不可以加上新的限制條件減低原來軟體的自由度。

不過，自由軟體不一定是免費的，當你經過免費或付費的過程，取得一份自由軟體後，你可以自由修改，然後免費或收費分送給別人使用。所以，自由軟體不是沒有商機存在

的。一個很好的例子就是Linux操作系統，雖然，它的核心元件是免費的，但怎樣改進、怎樣維護收費，仍有很大的商機存在；Red Hat、IBM、HP都是支援以Linux為核心元件的操作系統。

接著，讓我指出在許多不同領域中，自由分享的觀念。我們剛剛講過可口可樂的祕密處方，是公司的最高機密，但是網路上已經有人提供可口可樂和百事可樂的自由分享製作配方。

在電腦軟體方面，除了Linux操作系統之外，Apache是一個HTTP Web server的操作系統，Mozilla Fox是一個Web browser，都是很著名的自由軟體，供大家分享使用和改進。在電腦硬體方面，推廣到其他工程上的硬體，過去這些硬體的規格和標準，往往是必要且不公開的；現在也有許多例子證明把這些規格和標準公開、自由分享，提供了讓更多人參與合作、改進的機會。

藥品的製作，是一個更好的例子，多數藥品的處方是祕密的，如果把它們公開讓醫學界自由分享，就能提供更多合作改進的可能。在科學研究裡，自由分享是行之有年的作法；科學研究的結果都會在期刊和會議上公開發表，由大家共同驗證。在教育領域裡，老師間交換教學的內容和方法，也是自由分享的精神。

有一個很好的例子，是美國麻省理工學院在二〇〇一年宣布了一個開放教材，美國「OpenCourseWare」的計畫，準備以一億美金的費用、十年的時間，把麻省理工學院約有兩千門大學部和研究所的課程內容，放在全球的資訊網上，讓全世界公開參閱和使用。台灣有一位充滿活力的年輕人——朱學恆先生，在他的推動下，奇幻文化藝術基金會集合了許多人的力量，把麻省理工學院的開放教材內容翻譯成中文。

在文學藝術裡，我們一直都公開的欣賞分享，甚至模仿別人的作品；這裡我要舉一個我特別喜歡的例子，那就是詩詞的翻譯。科學工程論文的翻譯，必須儘量百分之百忠於原作，但是，詩詞的翻譯卻給翻譯的人有很大的空間，在不同的文字語言裡，遣詞用句都有很大的自由。

有一首英國知名詩人William Blake寫的詩：

To see a world in a grain of sand,
And a heaven in a wild flower,
Hold infinity in the palm of your hand,
And eternity in an hour.

這首詩已經有好幾個中文翻譯的版本，但是，不久前我參考別人翻譯的版本，寫了我自己的翻譯：

一沙窺塵世，
一瓣證瑤台，
隻手持無量，
剎那悟如來。

「To see」我用「窺」不用「看見」；「world」我用「塵世」不用「世界」；

「a flower」我用「一瓣」而不用「一朵花」；「a heaven」我用「瑤台」不用「天堂」；「infinity」我用「無量」而不用「無限大」；「eternity」我用「如來」，而不用「永恆」；這就是自由分享。

不過，我必須提出「自由分工、自由分享」這個觀念和原則，也有它可能的短處和缺失。共同創作的結果，其準確性和可靠性是一個問題，維基百科就是一個例子；隱私權被侵害是必須防範的，You Tube就碰到這個問題；有些材料是否適合在毫無限制的情形下公開呈現，也是一個問題，例如，部落格的內容是無法規範的；智慧財產這個問題，不能夠完全被忽略。如何有足夠的人力、財力、資源，來支持自由分工、自由分享，是必須思考及面對的問題。

LEARN 系列 002

20不惑——大學校長親授33堂生涯必修課

作　　者—劉炯朗
策　　畫—呂曼文
責任編輯—呂曼文、楊玲宜
責任企畫—呂曼文
插　　畫—林俐
美術設計—優秀視覺設計有限公司
總 編 輯—李采洪
董 事 長—趙政岷
出 版 者—時報文化出版企業股份有限公司
10803台北市和平西路三段二四〇號六樓
發行專線—（〇二）二三〇六—六八四二
讀者服務專線—〇八〇〇—二三一—七〇五・（〇二）二三〇四—七一〇三
讀者服務傳真—（〇二）二三〇四—六八五八
郵撥—一九三四四七二四時報文化出版公司
信箱—台北郵政七九～九九信箱
時報悅讀網—http://www.readingtimes.com.tw
電子郵件信箱—newstudy@readingtimes.com.tw
法律顧問—理律法律事務所陳長文律師、李念祖律師
印　　刷—勁達印刷有限公司
初版一刷—二〇一〇年一月十八日
初版七刷—二〇一九年七月二十二日
定　　價—二八〇元

時報文化出版公司成立於一九七五年，並於一九九九年股票上櫃公開發行，
於二〇〇八年脫離中時集團非屬旺中，以「尊重智慧與創意的文化事業」為信念。

20不惑：大學校長親授33堂生涯必修課 / 劉炯朗作.-- 初版. -- [臺北市]：時報文化, 2010.01
面；公分.
ISBN 978-957-13-5150-6(平裝)
1.高等教育 2. 親子 3.人生哲學 4.文集
525.07　　98085455

ISBN: 978-957-13-5150-6
Printed in Taiwan